내일,
가게 문
닫겠습니다

초보 자영업자들의
치열한 생존 이야기

내일,
가게 문
닫겠습니다

초보 자영업자들의
치열한 생존 이야기

CLOSED

창플지기 한범구

비즈니스맵

장사하는 데에도
기초 체력이 필요합니다

저는 창업 분야에서 지금까지 약 15년간 몸담았습니다. 그러면서 자의든 타의든 사람들이 장사로 망하는 걸 너무 많이 봤습니다. 제가 차려주고 망하는 광경도 지켜봐야 했고, 나의 무지에 의한 잘못된 판단의 결과로 고통도 받아봤습니다. 확실한 건 창업 시장이 앞으로 더 어려워질 거라는 사실이죠. 더 많은 사람이 망할 겁니다.

창업하려면, 앞으로 겪게 될 치열한 경쟁에 대비하기 위해 철저히 준비해야 합니다. 여기서 '준비'라는 것은 그저 창업 자금을 마련하고 남의 집 주방에 가서 몇 개월 일해보는 거라든지, 부지런히 창업 세미나 찾아다니며 전문가랍시고 나와서 떠드는 컨설턴트의 얘기를 노트에 적는 등의 준비를 말하는 것이 아닙니다. 준비한다는 것은 먼저 창업하고자 하는 사람의 의식을 바꾸고 창업 모티브를 강화하기 위해 기초 체력을 강화하는 것입니다. 창업을 준비하는 데에도 기초가 정말 중요합니다.

저는 백종원 대표를 좋아합니다. 그의 요리를 향한 열정도 좋아하고, 누군가에게 자신만의 노하우를 전수하여 진심으로 성공하기를 바라는 마음도 공감합니다. 직접 겪고 느낀 대로 하는 진심 어린 질책에서도, 경험에서 우러나오는 실질적인 조언에서도 그의 진정성이 느껴집니다. 그러나 아무리 그렇게 가르쳐주고 도와줘도 망하는 집은 망합니다.

저는 요즘 배드민턴 레슨을 받습니다. 강사는 1시간 레슨하면서 약 40분간은 배드민턴 기술과는 전혀 관련 없는 하체 체력 운동, 스텝 운동만 시킵니다. 야구로 따지면, 타격 자세와 방망이 휘두르는 기술은 가르치지 않고 기초 훈련만 시킨다는 얘기입니다. 그리고 그 과정은 굉장히 고통스럽습니다. 군대에 다시 입대한 줄 알 정도로 말이죠.

그런데 배드민턴이나 야구를 하는 게 멋있어 보이고 그저 좋아서 시작했던 사람들이 기초 운동 몇 번 하고 포기하는 경우가 매우 많습니다. 어떻게 사람이 하고 싶다고 다 하고 살겠습니까? 실상을 안 후 포기할 사람은 또 포기해야 합니다. 해보니까 자기가 생각했던 것과 다른 것이죠. 실상을 알고 그만두는 것이 결코 나쁜 게 아닙니다. 반면, 실상을 알고 나서도 해야겠다고 마음먹은 사람들은 정말 '나 죽었다'라는 생각으로 훈련에 임하더군요. 제가 요즘 그렇습니다. 배드민턴 치러 나가는 일요일 아침마다 겁이 날 정도입니다.

창업도 시작 전에 그런 과정이 꼭 필요합니다. 그 실상을 알아야만 합니다. 먼저 시작했던 수많은 사람의 그 처절했던 경험을 듣고 느끼며, 내 맘처럼 되는 게 하나도 없다는 것을 알아야 합니다. '열심히 한다고 되는 게 아니구나, 섣불리 하다가 이거 진짜 큰일 나겠구나, 창업하기 위해 앞으로 내가 감당해야 하고 포기해야 할 게 이렇게 많구나', 이런 것들을 지속해서 느껴야 합니다.

음식점에서 수년 동안 일해보면 다 알 것 같죠? 요리사 출신이어서 장사하면 잘될 것 같죠? 그런 사람들이 실제로 가게를 차려서 어떤 어려움을 겪었는지 아시나요? 적어도 이런 것을 제대로 보고 듣고 겪고 느끼고 난 후에야 기초 체력은 길러집니다.

외식업으로 이야기하면, 백종원 대표가 하는 일 중에 레시피나 조리기술, 장사 노하우를 가르쳐주고 맛이 있고 없고를 판단하여 알려 주는 것은 사실 기초 체력을 기르도록 하는 일은 아닙니다. 이러한 것들을 야구로 이야기하면, 타격 자세와 방망이 잡는 기술을 가르쳐 주는 일과 같죠. 바로 가게 운영에 필요한 것들을 가르쳐주는 것입니다.

그리고 성공하도록 하려면 운영에 필요한 기술적인 부분을 가르쳐주는 것만으로는 부족합니다. 한 발 더 들어가 메뉴 간소화나 영업시간 산출, 독창적인 시그니처 메뉴 결정 등 이와 같이 경쟁에서 승리할 수 있는 기획까지 세워줘야 성공하는 매장이 됩니다. 똑같이 라면을 끓여 파는 가게라도 어떻게 기획하는가에 따라서 장사 잘되는 집, 안되는 집으로 성패가 갈립니다.

하지만 기초가 없는 초보 창업자에게 이 모든 조언과 충고는 무용지물입니다. 여기서 강조하고 싶은 건 기초도 없이 바로 운영과 기획으로 들어가다가는 이 험난한 시장에서 살아남을 수 없다는 것입니다. 사실상 한 개인의 소중한 인생이 순식간에 무너져내릴 수도 있어서 하는 말입니다.

만만하게 보이는 우리 집 앞 치킨집 사장님이 한 달에 얼마 버는지 아십니까? 집 앞에 있는 빵집이 장사 잘되는 듯하던데, 그 매장 임대료가 얼만지 아십니까? 유행병으로 인한 피해로 소상공인들이 힘들다는데 실제로 얼마나 손해가 났는지 아십니까? 책임자로서 조그만 매장을 운영하며 직원과 아르바이트생들을 관리해보셨습니까? 성공한 사람의 노하우만 듣고 배우면 장사가 잘될 것 같죠? 대대로 이어온 그 비법 소스 그대로 다 알려줘도 절대로 성공 못 합니다.

노하우Knowhow를 알기 전에 먼저 노와이Knowwhy를 알아야 합니다. '왜 이걸 하려고 하는가? 결국, 무엇을 위해서 내가 이것을 목숨 걸고 하려고 하는가? 온 집안의 생계가 걸린 일인데, 그것을 하기 위해 현재 무엇을 어떤 각오로 하고 있는가'에 대해 생각해봐야 합니다.

10년 이상 장사해온 사람 붙잡고 얘기해보십시오. 김밥집 했다가, 고깃집 했다가, 치킨집 했다가 얼마나 많이 업종을 바꾸고 깨져왔는지, 장사 베테랑이고 옆에서 지켜볼 때는 안정도 될 만한 그 사장이 지금 어떤 걱정으로 살아가는지 말입니다.

이 어려운 경제 상황에도 창업을 준비하는 사람은 엄청나게 많습니다. 하지만 창업에 관한 것들 속 시원히 물어보고 실제 장사를 먼저 시작한 선배들의 답을 들을 수 있는 곳이 마땅히 없습니다. 허구한 날 대박만을 떠드는 창업 관련 업체들, 프랜차이즈 업체들, 그런 곳에서는 진실을 알 수가 없습니다.

그래서 현실을 조금이라도 더 아는 제가 부지런히 물어보고 실체를 파헤쳐서 알려드리려고 합니다. 아는 만큼 보이고 보이는 만큼 실제를 알게 됩니다. 실제를 알아가는 게 바로 창업하는 데 기초 체력을 쌓는 일입니다.

사람을 이용해서 사람으로 돈을 버는 인간 중심 사업인 자영업은 반드시 이 기초 과정을 거쳐야 합니다. 사람 사는 세상이라는 게 변수가 너무 많아서, 결국 정답은 없습니다. 각자의 답만 있을 뿐이죠. 그리고 눈에 보이진 않지만, 창업하려는 사람의 생각과 자세에 따라 정말 결과가 달라집니다.

무언가 배울 때는 돈이든 시간이든 일종의 수업료가 필요합니다. 그렇다고 전 재산을 수업료로 날릴 수는 없지 않습니까? 그것만큼은 제가 힘닿는 데까지 막아보고 싶습니다. 다들 먹고사느라 바쁘니까 제가 대신 전국의 사장님들을 만나면서 물어보고, 느껴본 후 최대한 그 현실을 창업을 준비하는 여러분에게 알려드리려고 합니다. 이 책은 그러한 노력의 일

부입니다. 부디 창업 선배들이 겪은 갖가지 실패 경험을 통해
탄탄히 기초를 닦으시길 바랍니다.

제 이야기
조금 하겠습니다

사실 창업이라는 게 어떤 교과 과목처럼 정해진 답이 있는
것도 아니고 어떤 걸 만들거나 꾸밀 때 필요한 매뉴얼처럼,
말하자면 '꿀팁'이 있는 것도 아닙니다. 그저 창업 시장의 수
많은 사례를 살펴보고 그 사례를 통해 간접 경험하며, 그 안
에 담긴 인사이트Insight를 발견할 뿐입니다.

외식업 창업의 고수가 온라인 창업의 고수가 될 수 없고,
어제까지 성공했던 사람이 내일 성공하리란 보장도 없습니
다. 무수한 창업 사례가 존재하고 무수한 사람 각자의 기준이
다릅니다. 똑같은 성공 공식이라도 어떤 사람에겐 묘수가 될
수 있지만, 어떤 사람에게는 독약이 될 수도 있습니다. 창업
시장에는 절대적인 공식이나 정답이 없습니다. 매 순간, 매
상황에서 성공을 위해 헤쳐나간 각자의 답만 있을 뿐이죠.

저는 창업 시장에서 무수한 사업가와 영업자를 만나고 겪
으면서 그 각자의 답을 관찰했고, 그 답에 대한 저만의 인사
이트를 제공하는 역할을 하면서 살고 있습니다.

창업을 준비하는 분들에게 이런 이야기를 하고 싶습니다.

사업을 왜 해야 하는 건가? 왜 사업을 공부해야 하는 거지? 사업을 하려면, 그 사업 기술을 배우기 전에 어떤 마음을 가지고 시작해야 하나? 먼저 이러한 것들에 관해 얘기하고 싶습니다.

저는 사업하고는 전혀 관계가 없는 집안에서 태어났습니다. 당시의 친구, 동료, 지인도 대부분 사업과는 전혀 상관없는 환경에서 살아온 사람들이었습니다. 하지만 어려서부터 제 머릿속에는 돈밖에 없었던 시간이 꽤 길었습니다. 이 돈이란 것이 뭘래 나를 이렇게 힘들게 하나, 생각한 시간이었습니다. '돈이 없다는 이유로 왜 남들에게 이런 취급을 받아야 하고, 왜 나에게는 희망이 없을까? 내 주변 사람들은 왜 허구한 날 돈 가지고 싸울까?' 이런 고민을 했습니다.

밤샘 근무도 마다하지 않았고, 수없이 많은 아르바이트를 경험하며 젊은 시절을 보냈습니다. 그러던 어느 날 한정된 시간 안에 혼자 뛰면서 돈을 버는 건 한계가 있다는 걸 깨달았습니다. 남들이 알아주는 수천만 원, 억대 연봉이 실제로는 얼마나 허무한 돈인지도 이즈음 깨달았죠.

어느 날 기존에 받던 연봉의 절반도 안 되는 금액을 받고 한 놀이동산의 상품 판매장에 점장으로 취직했을 때 주변에서 다들 저를 미쳤다고 했습니다. 돈도 전보다 못 받고 한 번도 해보지도 않은 데다가 사회적으로도 별로 알아주지도 않는 그 일을 왜 자진해서 하려고 들어가느냐는 것이었습니다.

하지만 한 달에 얼마 버는지는 중요하지 않았습니다. '장사가 뭐지? 사업이 뭐지? 그거 하는 사람들이 돈을 번다는데….' 저는 그저 그게 알고 싶었습니다. 아무도 그런 걸 가르쳐주지 않았으니까 직접 겪으며, 배워야 했습니다. 그저 지금까지 속해보지 않았던 미지의 세계에서 도전하며, 돈에 관해 알고 싶었습니다. 그리고 돈이 도는 곳에 있어야 돈을 공부하고 돈을 벌 수 있다고 생각했습니다. 하루에 수억 원, 아니 수십억 원의 돈이 도는 그곳은 저에겐 소중한 트레이닝 장소라고 생각했습니다. 그래야 앞으로 살고 싶은 나의 삶에 관해 실마리라도 잡을 수 있다고 믿었습니다.

결과적으로, 만 5년을 그곳에서 일하고 총책임자 자리에서 마감했습니다.

사실, 당시에 자존심 상했던 적도 많았습니다. 매 순간 고객들로 인해서 힘들었습니다. 원청 업체뿐만 아니라 수십 명에 달했던 팀원들까지 모두 갑이었습니다. 하지만 저는 고객들과 나의 팀원들, 그리고 상사들과 원청 업체라 불리는 갑들에게 최선을 다했습니다. 그렇게 노력하다보니 삶의 원리 같은 무언가를 깨닫게 되었습니다.

장사, 사업, 처음이시죠?

저는 상담과 세미나를 많이 합니다. 얼마 전에도 스마트해 보이는 부부 둘이 와서 상담을 받고 갔습니다.

둘 다 대기업 출신인데, 와이프부터 직장을 그만두고 장사를 시작할 예정이라고 하더군요. 얼마를 벌고 싶으냐고 물어봤습니다.

"최소한 지금 연봉보다는 많이 가져가야죠. 그 정도도 못 가져가면 장사할 이유가 없죠."

휴, 한숨이 나왔습니다. 막 시작하는 초보 주제에 무얼 남겨 남에게서 이득을 얻겠다는 생각 자체가 얼마나 미련하고 무지하고 위험한 생각인지 아시나요?

앞서 말한 대로, 수습 6개월에 월급 90만 원을 받는 상품 판매직으로 처음 취직했을 때 직장인의 한계를 알았기에 그렇게 살고 싶지 않아서 그 일을 시작했습니다. 그래서 매달 직장인일 때보다 한 푼이라도 더 벌어야 한다고 감히 생각하지 못했습니다.

그 당시 그저 매달 이 분야 베테랑인 상사들에게, 누가 갑인지 헷갈리는 아르바이트생과 팀원들에게, 그리고 언제나 고압적인 태도로 대하며 무시하는 원청 업체들에게 어떻게 하면 신임을 얻을 수 있을지 고민했습니다.

장사, 사업, 왜 하려고 하시는 거죠? 전에 받던 월급보다 당장 몇 푼 더 벌어보겠다고 하는 건가요? 몇 푼 더 벌려면, 차라리 새벽에 아르바이트를 하거나 밤에 대리운전을 하는 게 낫습니다. 그게 훨씬 안전하고 확실하게 돈을 더 벌 수 있는 방법이에요.

자영업이라는 건 사람을 대상으로 사람으로 돈을 버는 인간 중심 경제 활동입니다. 막 창업을 시작했다는 것은 남의 부품으로 살았던 인생이 나의 부품을 만들어가는 첫걸음을 떼었다는 의미입니다. 을로서 다시 태어나 새롭게 생긴 나의 고객, 나의 팀원 등 나의 갑들에게 어떻게 하면 잘 보일지만을 생각해도 시간이 모자랍니다.

스스로 장사 초보, 초보 사업가라고 인정하고 겸손하게 제대로 된 마음으로 시작한다면, 사업 초기에는 무조건 아르바이트 최저 임금보다 못 가져갈 공산이 큽니다. 아니 그것조차 계산할 시간이 없습니다. 설사 남더라도 그대로 다시 투자해야 합니다. 어떤 식으로든지 살아남아야 하지 않겠습니까? 옆집의 10년 된 선수들과 똑같이 노력해서 그들을 이길 순 없잖아요?

그리고 곧 자존감의 상실, 믿었던 직원의 배신, 생각지도 못한 외부 압력, 열심히 해도 잘 안되고 늘어가는 빚, 다람쥐 쳇바퀴 같은 삶에 대한 회의감, 내 맘대로 되는 게 하나도 없다는 좌절감, 이런 것들을 순차적으로 겪게 됩니다. 그러나 겁내지는 마십시오. 대단한 거 아닙니다. 당신도 그거 다 겪은 사람 밑에서 여태껏 일해온 것입니다.

사업은 돈 벌어서 한 푼 두 푼 축적하는 게 아닙니다. 그거 축적한다고 돈 버는 거 아닙니다. 진짜 중요한 게 뭐죠? 삶의 질 향상, 그 자체 아닌가요?

　사업에 도전해보세요. 그럴 가치 충분히 있습니다. 내 삶의 질이 바뀝니다. 남의 부품으로 사는 게 아니라 내 세상 내 손으로 꾸며가는 재미가 얼마나 쏠쏠한지 모릅니다. 하지만 지금은 자신이 초보자임을 직시해야 합니다. 창업을 원해서 하는 사람은 거의 없습니다. 그리고 대부분 자신이 창업할 일 없다고 생각합니다. 그런 사람일수록 어떤 이유든지 아무 대책과 공부 없이 창업 시장에 나와서 모든 것을 잃고 좌절합니다. 언젠가는 어쩔 수 없이 창업 시장에 나올 수 있습니다. 누구나 그럴 수 있습니다. 그래서 아직 창업에 발 들이지 않은 지금부터 창업 공부를 해야 합니다.

실패의 경험은
피와 살이 됩니다

　이 책에는 지난 15년간 창업 시장 한복판에 있으면서 제가 쌓아온 지극히 현실적이고 현장 중심적인 데이터 중 선배 초보 창업자들이 어떻게 망해갔는지 알 수 있고, 가장 자주 보게 되는 실패 사례들을 선별하여 실었습니다.

　특히 창업 초보자라면, 성공 사례보다 실패 사례를 먼저 공부해야 한다고 생각합니다. 여전히 절대 창업할 일 없다고 생각하는 분들은 볼 필요가 없겠지만, 멀지 않은 장래에 어쩌면 나에게도 닥칠 수도 있다고 생각하는 분이라면 진지하게 읽어 봐주셨으면 합니다.

창업에 관해 공부하겠다는 의지로, 한 챕터씩 넘기다보면 정말 황당하고 생각지도 못한 일을 간접 체험할 수 있으며, 지금도 우리 주위 굉장히 가까운 곳에서 매일 이와 같은 일이 일어나고 있다는 사실에 정신이 번쩍 날 것입니다. 그러면서 앞으로 내가 무엇을 준비해야 할지 알 수 있을 것입니다.

시중의 책뿐만 아니라 컨설턴트, 창업 전문가 등 대부분은 성공만을 이야기합니다. 하지만 사실 성공은 꽤 먼 이야기입니다. 남의 성공 이야기만 알아서는 그저 현실성 없는 꿈만 키울 뿐입니다. 저는 실패를 이야기하며 여러분에게 겁을 주거나 장사를 포기하게 하려는 게 아니라, 수많은 실패 사례를 통해 마음가짐을 새롭게 다져 성공의 실마리를 잡도록 하려는 것입니다.

수많은 실패 사례 속에서 장사의 본질을 깨닫고, 지금까지 준비한 사업 계획에 부족함이 없는지 판단해보기를 바랍니다. 그렇게 하여 부디 성공의 길로 들어서기를 바랍니다.

내일,
가게 문
닫겠습니다

Menu 01 초보 자영업자,
누구 때문에 망하는가?

Menu 02 초보 자영업자,
어떻게 망하는가?

Menu 03 초보 자영업자의
현실

Menu 04 초보 자영업자의 착각

Menu 05 초보 자영업자가 섣불리 접근하는 시설업

Menu 06 초보 자영업자에게 들려주고 싶은 나의 경험담

내일,
가게 문
닫겠습니다

초보 자영업자,
누구 때문에 망하는가?

Menu 01

십수 년 창업 시장에 있으면서 이런 경우를 본 게 사실 한 두 번이 아니다.

장사에 경험이 없는 일명 초보 창업자들은 하고 싶은 업종을 고르거나 프랜차이즈 브랜드를 알아보다 보면, 어느 순간 속칭 '전문가'라고 하는 영업사원들을 만나곤 한다.

사실 자영업자, 특히 외식업 자영업자들 어렵다고 이야기한다. 그런데 내 관점에서는 어렵다고 이야기하면서도 버티는 자영업자는 그나마 나은 편이다. 사정이 어렵다고, 어려우니 도와달라고 얘기할 틈도 없이 순식간에 망한 사람이 정말 많다. 어느 날 평생 모은 돈으로 오픈한 내 가게가 순식간에 사라지는 것이다.

요즘 같은 시기에 자영업을 하고 싶은 사람이 얼마나 되겠느냐마는 그래서 자영업자 대부분이 어쩔 수 없이 창업했다고 해도 과언이 아니다. 가진 돈에 대출까지 다 털어서 일단 도전하기로 마음먹은 사람이 대부분이다.

창업을 알아보고 실제 가게를 열면, 항상 자신이 생각했던 것보다 비용이 더 나오기 마련이다. 안 그래도 빡빡한 자금으로 준비하는데 생각지도 못한 금액들이 툭툭 튀어나오면,

창업자들은 초조해져서 시작부터 좌절하는 경우가 많다.

컨설팅 업체든 프랜차이즈 업체든 영업사원들도 계약을 따내야 하는데 처음부터 그 뒤에 추가로 예상되는 금액들을 이야기하면 고객이 창업을 주저하게 되므로, 굳이 물어보지 않으면 나중에 발생할 금액은 제대로 알려주지 않는다. 그들이 나쁜 마음으로 작정하고 알려주지 않는 경우도 있지만, 어쨌든 그들도 계약을 따내야 돈을 버는 일종의 프리랜서이자 수당으로 생계를 유지하는 월급쟁이이기 때문이다.

이번에 이야기할 이 젊은 초보 창업자는 5,000만 원이 가진 돈 전부였다. 그나마 2,000만 원은 예전에 빌렸던 것을 안 갚고 남겨둔 자금이었다. 어차피 장사하는 거 힘들다는데, 그나마 많이 남길 수 있는 건 물장사라고 생각했다. 그 초보 창업자는 가진 모든 것을 들여 프랜차이즈 술집을 열기로 했다.

많은 과정을 거쳐 나름 기준을 정해 브랜드를 선별했고, 해당 프랜차이즈 업체 영업사원을 만나 상담을 받았을 때 일단 가지고 있는 5,000만 원이면 충분히 창업할 수 있다는 희망적인 이야기를 들었다. 마침내 두려운 마음 반, 기대감 반으로 계약을 체결했다.

그때부터 이 초보 창업자는 무언가에 홀린듯이 나락으로 빠져들기 시작한다.

제일 먼저 해야 할 일은 가게 자리를 찾는 것이었다. 자리를 이곳저곳 찾아보다가 보증금 3,000만 원짜리 조그만 가게를 얻었다. 보증금 3,000만 원도 사실 큰돈이었다. 그렇게나 많이 들어갈지 몰랐지만, 보증금이야 없어지는 돈이 아니고 나중에 돌려받는 돈이니까 일단 수긍했다.

그 가게를 기준으로 가견적실측하기 전 총 창업 비용을 예상하기 위해 미리 가늠해서 내는 견적을 내니 처음 상담할 때 이야기했던 대로 시설비가 총 5,000만 원이 들어간다고 했다. 보증금 주고 남은 2,000만 원에 모자란 금액 3,000만 원은 본사와 연계한 주류 업체에서 무이자로 대출을 해준다고 했다. 그렇게 하면 문제없이 오픈할 수 있다는 얘기를 들었다.

이 초보 창업자는 어차피 돈도 모자라고 대안도 없는데 무이자로 대출을 해준다고 하니 자세한 건 잘 모르지만, 일단 자신감 넘치게 리드하는 전문가, 그 영업사원의 이야기대로 진행하기로 했다.

장사는 목이 좋아야 한다고 하지만 목 좋은 곳은 다 권리금이 붙어있으니 본사 영업사원은 새로 생긴 상권을 추천했다. 그래도 잘 보이는 곳이 좋겠지, 하고 생각했는데 영업사원 역시 대로변에서 잘 보이는 곳을 추천해주었다. 옆에 파리○게뜨도 있고 건너편에 유명 커피 브랜드 매장도 있어서 나쁘지 않다고 생각했다.

그런데 중요한 건 20평도 안 되는 가게의 임대료가 350만 원이나 한다는 것이었다. 무슨 임대료가 이렇게 비싸냐고 이야기했지만, 다른 가맹점들도 다 이 정도 내고 있고 새로 지은 건물이기 때문이라고 했다. 대신에 권리금이 없지 않으냐고 하면서 임대료가 높은 만큼 그 값을 하니까 걱정하지 말라고 이야기했다. 그래도 그렇지, 100만 원도 큰돈인데 350만 원이라는 임대료를 어떻게 낼지 막막했다. 너무 비싼 월세가 두려워 다른 가게도 좀 더 찾아달라고 요청했고, 본인도 직접 발로 뛰며 가게 자리를 다시 찾아다녔다.

그런데 골목 뒤로 조금 들어간 곳에서 임대료 200만 원에 평수도 20평이 넘는 데다가 예쁘게 생긴 가게 자리를 발견했다. 기쁜 마음에 본사 영업사원에게 이야기했지만, 영업사원은 말도 다 들어보지 않고 부정적으로 이야기했다.

"그곳은 절대 매출이 나올 자리가 아니에요! 이왕 창업하는 거 매출 많이 나는 곳에 해야지, 왜 그런 곳에 들어가서 장사하려고 해요?"

이렇게 면박을 줬다. 그리고 먼저 봐둔 월세 350만 원인 가게가 곧 나갈지도 모르니 바로 결정해야 한다고 했다. 그 가게 아니면 안 된다고 다그치니 이 초보 창업자는 그날 얼떨결에 계약금을 걸어버렸다.

악몽은 그때부터 본격적으로 시작되었다.

가맹 계약과 시설 계약을 진행하면서 문제는 점차 드러났다. 영업사원 말만 믿고 5,000만 원이면 창업할 수 있다고 생각했는데, 진행할수록 별도의 비용이 계속해서 추가

되었다.

우선 실측을 해보니 첫 견적 때보다 평수가 조금 늘었다고, 본사 시설 금액이 500만 원 올라서 5,500만 원이 든다는 소리를 듣는다. 그리고 인테리어 공사 전부터 뭐가 자꾸 생기기 시작하는데….

새 건물이다 보니 바닥이 고르지 못해서 바닥을 다지는 공사를 해야 한다고 200만 원 추가되었다. 새 건물이다 보니 천장에 지저분한 부분이 있어 타일로 붙여야 한다고 공사비 300만 원이 추가되었다. 전기분전반도 새로 설치해야 한다고 몇십만 원이 추가되었고, 전기 용량이 부족하다고 용량을 올리는 데도 100만 원 정도 들어갔다.

매장 앞에 테라스를 깔려면 500만 원 정도 든다고 했다. 영업사원이 공사할 거냐고 묻는데, 이왕 하는 거 예쁘게 보이고 싶어서 하기로 했다. 막상 공사 시작하니 테라스에 들어가는 비용도 더 늘어서 순식간에 2,000만 원 추가되었다. 총 7,500만 원, 거기에 세금계산서를 끊어야 한다고 부가세 10%까지 더하니 8,250만 원. 5,000만 원에서 8,000만 원대로 창업 비용이 훌쩍 뛴 셈이다.

> ### 자영업자에게 있어 부가세의 의미
>
> 초보자들은 부가세가 모든 비용에 포함이 되는 거로 생각하지만, 그렇지 않다. 부가세도 자연스럽게 비용에 붙여 계산해야 한다. 나중에 세금에서 환급받지만, 일단 내가 당장 당사자에게 줘야 하는 돈이다.
> 사업을 시작하면 이 부가세하고도 좀 친해져야 한다.

더는 돈이 없는데 이러다간 큰일 나겠다 싶어 추가로 대출을 알아보았다. 본사 영업사원이 제2금융권을 소개해주었고, 3,000만 원을 추가로 대출받았다. 3,000만 원 대출받는 데 수수료와 세금으로 100만 원을 떼었고, 이율은 8%였다. 그나마 시설비를 주고 나니 수중에 1,000만 원도 남지 않았다.

그런데 이것으로 끝이 아니었다. 냉난방기 두 대 사는 데 600만 원, 거기에 실외기를 놔야 하는데 놓는 자리가 멀어서 실외기 설치비 200만 원, 합쳐서 800만 원이 들었다. 그렇게 제2금융권에서 대출받은 3,000만 원도 다 없어졌다.

하지만 이것마저도 끝이 아니었다. 보증금 3,000만 원에 월세 350만 원으로 얻은 상가의 부동산 중개료…. 0.9%를 금액으로 환산하면, 342만 원인데 많이 깎아줘서 300만 원에 해주겠다고 부동산업자는 이야기했다. 결국, 와이프에게 욕먹으면서 돈을 빌렸다.

이제 다 끝난 건가 생각할 때쯤, 본사에서 초도 물품비 350만 원을 입금하라고 연락이 왔다. 그 돈을 안 넣으면 물건이 안 들어온다고 슈퍼바이저가 이야기하니 와이프에게 욕을 바가지로 먹으면서도 350만 원을 추가로 빌릴 수밖에 없었다.

가게를 열기 전에 이미 정신은 피폐해졌다. 마음은 조급해지고 눈에 보이는 게 없었다.

이제 가게 오픈 날. 오픈 날부터 뭐 이렇게 필요한 게 많은지, 며칠 생활용품 가게에 가서 이것저것 사고 나니 몇십만 원이 훌쩍 들어갔다. 들어온 지 얼마 되지도 않은 아르바이트생들은 허구한 날 그만두었고, 아르바이트생 관리도 보통 일이 아니었다. 기껏 며칠 가르쳐놨더니 그만둔다고 하며 일한 돈 몇십만 원씩 달라고 해서 카드론으로 또 대출을 받았다. 그사이 집에서는 애들 학원비에 식비, 생활비를 달라고 난리였다. 아쉬운 대로 와이프에게 카드로 먼저 쓰라고 했고, 카드론으로 대출받은 것에 비상금으로 남겨두었던 것도 모두 주었다.

하루하루 피 말리는 심정으로 장사를 해나갔다. 아르바이트들은 내 맘처럼 움직이지 않고 아직 손에 안 익어서 손님들 몰아닥치면 컴플레인에 시달렸다. 날이 갑자기 쌀쌀해지니 거리에 사람이 없어서 손님은 하나도 없고 직원들 노는 꼴 보면서 밥값 나가는 걸 보고 있자니, 눈앞이 캄캄했다. 다음 달을 생각하니 더 막막해졌다. 월세 내는 날은 어찌나 빨리 오던지, 남는 것도 하나 없는데 월세 350만 원은 더욱더 크게 느껴졌다.

그런데 이럴 수가, 관리비는 생각지도 못했다. 관리비가 100만 원이나 했다. 무슨 관리비가 이렇게 많이 나오나 했더니, 복합 건물주인이 한 명인 단독 건물이 아닌 이것저것 업종들이 다양하게 들어와 있는 분양 건물이라서 특히 공용 관리비가 비싸다고 했다. 엘리베이터 및 일반 관리비, 청소비, 경비 월급까지 청구되니 자신이 쓴 것보다 더 나오는 셈이었다. 부가세까지 합해서 500만 원이라는 금액이 한 달에 임대료 명목으로 나갔다.

직원을 뽑으려고 해도 사람이 안 구해져서 파출을 불렀다. 현금으로 하루에 10만 원씩 줘야 했다. 안 그래도 적자인데 직원들 월급까지 주고 나니 그야말로 정말 한 푼도 남는 게 없었다. 식재료비 줄 돈이 없어서 현금 서비스 받아 주문을 넣었다. 전날 썰어놓고 못 판 양배추를 아까워서 다음 날 손님상에 내놨다가 손님한테 컴플레인 들어와서 시작부터 개념 없는 술집으로 찍히기도 했다. 벌써 안 좋은 소문이 돌기 시작했다.

처음에 시설비가 모자라서 무이자로 주류 업체 쪽에 대출받은 3,000만 원은 15개월 할부로 한 달에 200만 원씩 나갔다. 신용 대출받은 3,000만 원도 매월 원금과 함께 150만 원씩 나갔다. 시작부터 임대료를 밀리면서 보증금을 까먹기 시작했다. 집에서는 생활비 독촉에, 왜 창업했냐며 욕은 욕대로 먹고 싸우기도 많이 싸웠다.

흔히 말하는 '오픈 빨'은커녕 몇 달 지나 손님도 없어서 아르바이트 한두 명 두고 밤늦게까지 일했지만, 매출은 고작 20~30만 원이었다. 그리고 창업 전에 찾았던 뒷골목 임대료가 낮은 그곳에 새로운 경쟁 술집들이 속속 들어왔다. 그러다 보니 내 매장만 대로변에 덩그러니 있는 모양새였다.

옆에 들어온 휴대전화 판매 업소는 우리 매장보다 월세가 무려 100만 원이나 낮다는 걸 알았다. 게다가 3개월이나 임대료를 면제받았다는 이야기도 들었다. 그제야 비로소 이 초보 창업자는 자신이 당했다는 사실을 깨달았다.

아무것도 모르는 이 초보 창업자를 돈벌이 수단으로 이용한 것이다. 무조건 대박 난다고, 이 자리는 하루 매출 100만 원 이상은 무조건 나온다고, 빨리 계약해야 한다며 사람 뒤흔들어 놓고 실제 들어가는 금액에 대해서는 제대로 이야기해주지 않았다.

더 분노한 건 영업사원과 부동산업자, 건물주가 한통속이 돼서 월세 작업을 한 것이었다. 영업사원과 부동산업자가 월세 더 받아준다고 하면서 건물주한테 부동산 중개료를 받아가고 나한테도 받아 간 것이다.

원래는 보증금 6,000만 원에 월세 300만 원이었는데, 돈이 없다니까 보증금을 3,000만 원으로 내리면서 월세를 50만 원이나 올린 것이었다. 뒤쪽에 있는 월세 200만 원짜리

가게는 중개료도 잘 안 나오고 받아도 적게 받을 테니 부동
산 중개료 작업이 끝난 점포여서, 이 대로변 썰렁한 곳으로
나를 집어넣은 것이었다.

　주류회사에서 무이자로 대출해준다고 좋아했지만, 주류
대출을 3,000만 원이나 받았으니 다른 술집보다 맥주도 더
비싸게 받아야 했다. 6개월이 지난 현재 한 달 매출 1,000만
원에 임대료와 관리비로 500만 원, 주류 대출과 일반 대출로
350만 원, 식자재비 400만 원, 인건비 150만 원, 카드 수수
료 및 부가세 등 기타 이것저것 더하니, 한 달에 500만 원 이
상씩 마이너스인 상황이었다.

사례의 초보 창업자 월 손익

월 매출
1,000만 원

임대료와 관리비
500만 원

주류 대출과
일반 대출 상환
350만 원

식자재비
400만 원

카드 수수료와
부가세
100만 원

인건비
150만 원

※ 위 금액은 연간 평균치임

한 달 손익: 약 ⊖ 500만 원 이상

이래서는 가게 문을 열 이유가 없었다. 이럴 바엔 그냥 가게 문 닫아버리고 월세 350만 원을 생으로 내는 게 차라리 나은 상황이 된 것이다. 그나마 가지고 있던 보증금도 다 사라졌고, 빚만 순식간에 1억 원 정도로 불었다. 가족은 흩어졌고 도움받을 곳도 사라졌다. 그렇게 깔끔하게 5G 속도로 망해버렸다.

창플지기의 컨설팅

초보 창업자들이 망하는 이유 중 소위 컨설턴트라는 사람들에게 당해서인 경우가 생각보다 매우 많습니다. 성심껏 창업을 도와주는 컨설턴트와 영업사원도 많지만, 마음먹고 창업자들 뒤통수치면서까지 자신의 이익을 극대화하려는 부류도 많습니다. 프랜차이즈 업체나 창업 컨설팅 업체를 찾는 초보 창업자들은 대개 자신이 잘 모르는 걸 전문가에게 맡겨서 시행착오를 줄이겠다고 생각하지만, 현실에서는 자신의 무지함으로 인해 순식간에 모든 것을 잃게 되는 상황을 자주 목격합니다.

어느 날 갑자기 창업 시장에 들어왔지만, 이런 식으로 순식간에 수천만 원, 수억 원씩 빚지고 퇴장했기 때문에 그들의 이후 소식은 들을 수가 없습니다. 그 피해 사례들을 접할 만한 루트도 없습니다. 먹고 사느라 바빠 자신의 억울함을 토로하러 다닐 수도 없고 그저 그렇게 사라진 초보 창업자들은 고스란히 피해를 떠안아야 합니다.

우리가 창업하기 전 충분히 공부해야 하는 이유가 바로 여기에 있습니다.

경기도 어느 카페 거리의 핫 플레이스, 브런치 카페. 이 카페의 젊은 사장은 장사가 처음이지만 나름 좋은 상권, 좋은 입지에 카페를 열었다. 말 그대로, 가게 인테리어에도 '갬성' 가득하게 꽤 신경을 썼으며, 총 7억 원이라는 거액의 투자금을 들여서 가게를 오픈했다.

투자한 만큼 손님들의 반응은 폭발적이었고 1년 만에 그 지역 유명한 브런치 카페로 이름을 날리게 되었다. 연예인들도 찾아오는 맛집으로 자리를 잡은 것이다. 나름대로 실력 있는 셰프도 고용했다. 브런치 메뉴는 물론 커피와 와인, 피자와 파스타까지 고급스럽고 보기에도 좋은 음식들을 팔면서 특별한 날 오는 곳이라는 이미지를 구축했다. 사람들로 연일 붐볐고 크리스마스 같은 대목에는 일 매출이 1,000만 원에 육박하는 날도 있었다.

아무리 잘 꾸며놔도 음식점은 음식 맛이 제일 중요하기에 이 젊은 사장 본인은 홀 위주로 책임지는 것으로 했고, 주방장에게 주방의 전권을 부여하였다. 그렇게 나름 균형을 맞춰가며 그 매장을 운영하였다. 이 젊은 사장은 마인드도 나쁘지 않았다. 눈앞에 보이는 작은 이익 한두 푼 버는 데 열을 올리지 않았고 식재료도 최고급을 사용했으며, 직원들 대우도 좋았다.

뭐 빠진 게 없는지 직접 꼼꼼히 살피며 고객 서비스에 지속해서 투자했고 내 매장이 그곳에서 자리를 잡는 데만 최선을 다했다. 매달 자신이 얼마의 수익을 가져가는지 계산도 하지 않았고 그냥 우리 가족 먹고 쓰는 데 문제없으면 만족했다. 그렇게 숫자로 꼼꼼히 따지는 성격도 아니었다.

하지만 어디든 영원한 일인자, 영원한 핫 플레이스는 없다. 주변에 경쟁 상권이 하나둘 생겨났으며, 그 집이 잘되는 걸 보고 경쟁 브랜드도 하나둘 문을 열기 시작했다. 그 경쟁 브랜드들도 자신들만의 핫한 아이템으로 좋은 입지에 가게 문을 열었다.

오픈한 지 3년쯤 되었을 때 매출은 예전에 잘나갈 때보다 반 토막이 나긴 했지만, 그래도 그 동네에서 나쁘지 않은 매출을 올리고 있었다. 그런데 어느 날, 이 젊은 사장은 매달 쉬는 날 없이 죽도록 일해도 돈 한 푼 제대로 못 가져가는 자신의 상황을 문득 발견하게 된다.

"그래도 한 달 매출이 4,000~5,000만 원인데, 어떻게 수익이 이렇게 없을 수가 있지? 왜 이렇게 돈이 없어서 카드까지 써야 하는 거야?"

그제야 비로소 이 젊은 사장은 본인의 매장 수익 구조를 꼼꼼하게 조사했다. 적자가 나는 많은 이유가 있었지만, 제일 비정상적인 것은 바로 식자재 비용이었다. 비정상적으로 들어오는 식자재 가격을 보고 주방장이 주문한 수많은 식자재 업체의 영수증을 분석했다. 그리고 도저히 이해가 안 되는 금액들을 확인했다. 다른 품목들도 다 비싸게 공급받고 있었지만, 그중에서도 파스타에 들어가는 모시조개나 관자 같은 해산물들을 너무 비싸게 공급받은 것을 확인했다.

이 젊은 사장은 난생처음으로 수산물 도매시장이라는 곳에 가보았다. 수산물 시장에서 조개 파는 아주머니에게 여쭤보았다.

"조개 1kg에 얼마예요?"

아주머니 왈, "업소 가격이요, 아니면 일반 가격이요?"

알고 보니 업소용은 물 먹여서 얼린 조개를 파는 것이었다. 실제 얼려서 무게만 늘린 두 배나 비싼 조개와 해산물들이 우리 매장으로 납품되고 있는 것을 눈으로 직접 확인했다.

수산물도 수산물이지만, 많이 사서 쓰는 치즈도 업체에서 비싸게 받아 주방장이 뒤로 '백마진' 받았다는 사실을 알았다. 소스 업체에서도 마찬가지였다. 가게 하나 운영하는 데 무슨 이렇게 많은 식자재 업체하고 거래를 해왔는지, 한숨이 나왔다. 그 업체들은 사실상 내가 아니라 우리 주방장을 사장으로 삼은 셈이었다.

믿었던 주방장의 배신….

젊은 사장은 배신감과 자괴감에 빠졌다. 주방장을 따로 불러 앞으로 식자재 주문은 본인이 하겠다고 선언했다. 당장 잘라버리고 싶어도 이 주방장이 없으면 장사를 못 한다. 다른 쉐프를 고용하고 싶어도 맛에서 차이 나면, 고객들이 외면할 수 있다. 그래서 꾹꾹 참으며 그렇게라도 제안한 것이었다.

그런데 주방장은 수년 동안 사장 몰래 식자재 업체에서 돈 받아먹으며 비리를 저지른 주제에 사장이 직접 실체를 밝혔는데도 미안하다는 사과 한마디 하지 않았다. 사과는커녕 오히려 큰소리를 쳤다.

"사장님이 직접 주문하시면, 저는 뭘 먹고 삽니까?"

그 젊은 사장은 말문이 막혔다.

"그게 무슨 말씀이세요. 월급 많이 드리잖아요."

"그 정도 월급으로 어떻게 먹고살아요? 그럼 월급을 더 올려주시든가."

결국, 월급 말고는 더 챙길 게 없는 가게에서 일할 순 없으니 주방장은 아무 인수인계도 없이, 아무런 후속 조치도 없이 그날로 그만두고 나가버렸다. 수년 동안 그 가게의 맛을 책임졌던 주방장이었다.

홀로 남은 이 젊은 사장은 파스타 팬을 직접 잡으며 가게를 살려보고자 이를 악물고 고군분투했다. 하지만 그 브런치 카페의 음식 맛은 달라졌다. 그리고 사장이 혼자 홀 관리에 주방 관리까지 해야 하니 운영하는 게 만만치 않았다. 그 브런치 카페는 점점 더 매출이 떨어지게 되었고 손님이 더는 찾지 않게 되었다. 결국, 전 재산을 털어 시작한 가게의 문을 그렇게 닫을 수밖에 없었다.

최종 승자는 매달 6~700만 원씩 추가로 가져갔던 주방장이었을까? 이 젊은 사장은 돈, 시간, 정성을 다 쏟아부었지만, 남긴 건 빚뿐이었다. 그리고 거짓말처럼 망하게 되었다.

백마진Back-Margin?

사전상 의미로는 판매자가 거래할 때, 계약 성사 이후 소비자에게 상품 가격 일부를 깎아주겠다고 미리 약속하는 것을 말한다. 그러나 이는 통상적인 거래에서 업체와 계약을 진행하며, 부당하게 비정상적인 경로로 차익을 받아 남기는 것을 의미하기도 한다.

사례의 주방장은 업체와 실거래가보다 비싸게 계약을 체결하고 그 차액 중 일부를 뒤로 받아 챙겼다.

창플지기의 컨설팅

창업 시장에서 가장 많이 듣는 이야기 중 하나가 있습니다. '장사가 어려운 게 아니라 사람 때문에 힘들다.' 우리가 파는 그 모든 것은 사람을 이용해 사람에게 파는 것이기 때문입니다. 사람을 이용해 사람에게 팔아야 하는 게 장사이므로, 사람 관리가 안 되면서 모든 걸 갖추고 노력해도 속절없이 무너지는 가게를 많이 봤습니다.

비단 주방에서 일하는 주방장뿐만이 아닙니다. 매니저나 아르바이트생도 마찬가지입니다. 조그마한 커피숍이나 치킨집을 운영하더라도 사람에 대한 이해나 직원들을 컨트롤할 능력이 없으면, 결국 직원들을 상전으로 모시게 되고 직원들 눈치를 보게 됩니다. 그 스트레스는 고스란히 사장의 몫입니다. 그리고 앞서 이야기한 사례처럼 속절없이 망하게 되기도 합니다.

창업을 준비할 때 요리나 경영 공부, 상권이나 수익성 분석도 물론 중요합니다. 하지만 어쩌면 단 10평짜리라도 점장이나 매니저 등 제일 윗사람 역할로 밑의 사람들을 관리해보는 연습이 더 필요한지도 모르겠습니다.

창업 시장에는 창업과 관련한 거래로 먹고사는 사람들이
있다. 말하자면, '창업 전문가'라고 칭하는 창업 시장에서 꼭
필요한 사람들이다. 그런데 그 창업 전문가가 자신의 돈벌이
를 위해 '창업 기술자'로 활동하게 되면 소상공인들은 어떻
게 될까?

'창업 컨설턴트'라는 이름을 사기꾼 취급받게 만든 사람들
이 그 일부 부도덕한 '창업 기술자들'이다. 그들 때문에 멀쩡
히 장사하던 사장이 순식간에 어떻게 망해가는지 이제 이야
기해보려고 한다.

얼마 전에 지인분한테 전화 한 통을 받았다. 강남에서 실
내 포장마차를 5년 동안 운영해서 이제 좀 자리 잡을 만하니
건물주에게 나가라는 통보를 받았다고 했다. 처음 당하는 것
이라 너무 당황스럽다고 한탄만 했다. 사실 우리가 그렇게
깊은 사이가 아님에도 다급하니까 좀 도와달라고 급하게 연
락한 것이었다.

요즘 시중에 떠도는 말이 있다. '하늘 위의 조물주, 조물주
위의 건물주.' 하지만 직접 겪어본 바로는 건물주라고 해서
특별하거나 유난스럽지도 않거니와 더욱이 악랄하지도 않

다. 물론 남들보다 열심히 독하게 돈을 벌어 건물을 샀을 테니 독한 사람이 많긴 하겠지만, 그냥 다 보통 사람들이다. 그리고 월세 안 밀리고 큰 사고 안 치면 별로 만날 일도 없이 지내는 게 건물주와 임차인이다.

실상은 이렇다.

임대차 계약의 계약 기간은 보통 2년이다. 건물주 입장에서는 임대료가 수익과 관련이 있으니 2년 후에는 물가 상승률을 반영해서 임대료를 올려 받으려는 것이 어찌 보면, 지극히 정상적인 활동이다. 최소한 은행에서 받는 이자보다는 수익률이 높아야 건물주도 건물 운영하는 맛이 날 것이다.

그런데 세입자 입장에서는 건물주의 행태에 따라 억울할 수가 있다. 2년 동안은 투자한 것 좀 메꾸고 3년 차부터 돈 좀 벌어보려고 하는데 건물주가 나가라고 해버리면, 그땐 낭패를 보는 것이다. 그래서 정부에서는 '상가건물 임대차보호법'을 만들어서 5년 동안 영업을 보장하도록 했다.

그러나 일단 2년 뒤에 나가라고 말은 못 하게 되었어도, 상가건물 임대차보호법에 따라서 5년이 지나 건물주가 나가라고 하면 안 나갈 수가 없다. 억울해서 못 나가겠다고 하면 건물주가 끌어내지는 못하더라도 소송으로 가게 되어 둘 다 피곤한 몇 년을 보내게 된다. 그렇다고 해도 5년 정도 월세 안 밀리고 적당히 잘 지냈으면 그간 정이 들 만도 하니, 무 자르듯 딱 나가라고 통보하는 게 건물주에게 쉬운 건 아니다. 건물주도 사람이니까.

이때 바로 '기술자'가 끼어든다.

기술자라는 사람은 보통 '컨설턴트'라는 이름으로 활동한다. 본래는 창업에 관한 전문가로서, 경험이 적고 무지한 예비 창업자들에게 정확한 정보를 주어 시행착오를 줄여주는 역할을 해서 합당한 수수료를 받는 사람을 가리킨다. 창업하려면 최소 수천만 원에서 수억 원을 써야 하는데, 적정한 수준의 수수료를 받고 시행착오를 줄여주는 역할을 하니 진짜 필요한 역할 아니겠나 싶다. 지금도 전국 각지에서 그렇게 예비 창업자들을 위해 객관적인 정보를 제공하고, 맞춤 창업 아이템을 정해주는 등 시행착오를 줄여주는 역할을 하는 성실한 컨설턴트가 많다. 하지만 간혹 컨설턴트라는 이름을 내건 날 파리 같은 기술자가 끼어들고는 한다.

보증금 5,000만 원에 200만 원으로 5년 동안 열심히 일해서 그 건물을 살리고 대개 건물을 살리는 건 건물주가 아니라 세입자다 나중에 매장 권리금을 받는 꿈을 가졌던 세입자는, 결국 5년 동안 일했던 정든 터전에서 물러나고 지금까지 쌓은 점포의 커리어도 한순간에 끝나버렸다.

그리고 그곳에는 보증금 5,000만 원에 월세 400만 원으로, 새로운 세입자가 들어왔다. 무려 월세 두 배를 내고 말이다. 기술자가 그것을 작업한 것이다. 건물주에게 월세를 두 배로 올려 세입자를 맞춰주고 최신 인테리어를 자랑하는 프랜차이즈 업체를 연결해주겠다고 하며 유혹한 것이다.

　기술자는 월세가 오르면 건물 가치가 올라가는데, 왜 이렇게 바보같이 사람 좋게만 살았느냐고 건물주에게 덕담도 해준다. 그리고 임차인을 내보내는 이유로, 건물을 리모델링하게 되었다는 등 합리적으로 보이게 얘기하라고 코치해준다. 물론 그에 '합당한?' 수수료를 요구한다. 건물주는 한 달 월세 200만 원이었던 것을 두 배나 받게 해준다는데 수수료를 안 줄 수 없을 것이다. 작업이 끝난 이후 주는 걸로 수천만 원의 수수료 협상을 하게 된다. 건물 가치가 두 배로 올라가는 상황에서 건물주 입장에서도 우선은 전혀 손해날 게 없다.

　기술자는 프랜차이즈 업체에 강남 어느 곳 무권리 자리를 확보했다고 이야기한다. 물건 만드는 데 애썼으니 창업 컨설팅 수수료로, 때에 따라 다르지만 1,000만 원 정도를 요구한다. 업체는 예비 창업자에게 금액에 대해 미리 브리핑한다. 그때 기술자는 새로운 세입자에게 이 동네에 무권리 자리로 들어오는 건 정말 행운이라고 얘기하며, 또 당당하게 0.9%의 중개 수수료를 요구한다.

　결과적으로, 기존 임차인은 애써 자리 잡은 매장에서 권리금 한 푼 못 받고 내쫓긴다. 그간 얼마나 많은 돈을 벌어서 축적했는지 모르겠지만, 새롭게 무언가 하려면 대부분 다시 대출을 받아서 원금에 이자까지 물어가며 장사해야 하는 힘든 상황에 봉착할 것이다. 새로운 임차인은 월세 200만 원이면 먹고살 만했던 가게를 무려 두 배 높은 400만 원의 월세로 이어받아야 한다. 그리고 시간이 지나면 알게 된다. 월세 400만 원이 얼마나 높은 금액인지.

처음 장사하는 사람은 월세의 무서움을 잘 모른다. 월세는 비용이 아니라 순수익에서 떼어주는 개념으로 생각해야 한다. 기존 세입자가 500만 원을 벌었다면 200만 원을 뺀 300만 원으로 먹고사는 것이었다. 그것도 자리 잡는 데 5년이 걸린 후에나 감당할 수 있었던 월세인데, 이제 새로 들어온 초보 창업자가 그 월세를 감당할 수 있을까?

월세 수익 두 배로 올리는 데 성공한 건물주의 바로 옆 건물 건물주는 배가 아플 테니, 그도 기술자가 필요할 것이다. 그런 작업이 지속되고, 시간이 지나 그 골목 상권은 전체적으로 월세가 높아지게 된다. 그렇게 새로 들어온 세입자는 값싼 가격의 음식을 팔아서는 그 월세를 감당하지 못해 음식 가격을 올려야 할 것이다. 합리적인 금액의 음식을 내놓지 못하게 되니 점점 손님들은 떠나고, 그 골목 상권은 누구도 돈을 벌지 못하는 상권으로 변모하게 된다.

건물주는 당장 수익이 높아졌으니 좋을지도 모르겠다. 하지만 세입자는 월세에 깔려 오랜 시간 버티지 못하고 폐점의 위기에 몰리게 된다. 그렇게 공실이 되면 건물주 입장에서도 그리 좋은 상황은 아닐 것이 분명하다.

> ## '창업 기술자'의 불공정한 수수료 다중 취득
>
> ·좋은 상권에 자리 잡은 건물의 건물주에게 기존 월세의
> 두 배 인상 보장 → 건물 가치 상승 작업 빌미로, 건물주
> 에게 수수료 요구
> ·프랜차이즈 회사에 좋은 상권 건물 소개 → 그 대가로,
> 프랜차이즈 회사에 수수료 요구
> ·무권리로 기존 임차인 쫓아내고 새 임차인에게서 두 배
> 인상한 월세로 계약 → 새 임차인에게 0.9% 중개 수수
> 료 요구

'젠트리피케이션Gentrification'이라는 말이 괜히 나온 게 아니다. 다 이런 과정에서 나온 것이다. 적절한 임대료를 받았던 상권이 살아나면서 그곳으로 사람들이 몰리자 기존에 자리 잡고 있던 세입자는 내쫓고 다른 세입자를 집어넣는다. 새로 들어온 세입자는 말도 안 되는 임대료 때문에 계약 기간이 끝나기도 전에 망해서 나가고 건물은 공실로 텅텅 비어간다. 이러한 현상을 '젠트리피케이션'이라고 한다.

결국, 그 기술자는 두 명의 세입자를 곤경에 빠트리고 수천만 원의 이득을 취했다. 제조원가도 전혀 없는 컨설팅 수수료를 얼마나 신고해서 세금을 내는지는 모르겠다. 중요한 건 그로 인해 발생하는 폐단이 심각하다는 것이다. 물론 사

람을 많이 써야 하는 레스토랑이나 한정식집 같은 곳은 인건비도 무시 못 할 테지만, 실제 소규모 자영업자를 힘들게 하는 것은 따로 있다. 아르바이트 시급 조금 더 올려주는 것이 문제가 아니라 적정하지 않은 임대료로 입는 피해가 더욱더 심각하다.

초보 창업자들은 월세의 무서움을 모른다. 장사를 좀 해본 사람이나 알 수 있다. 신축 건물에 수익성 높은 무권리 자리라는 이름으로 무시무시한 비용을 감당해야 한다. 그러는 동안, 적정한 수준으로 임대료가 다시 내릴 때까지 망하는 세입자들을 두 번 이상 본다. 마음 같아서는 '중간 기술자'라는 사람들을 정말 혼내주고 싶다.

그만큼 초보 창업자들이 조심해야 한다. 건물을 직접 잘 확인하고 주변 시세도 충분히 검토해야 한다.

창플지기의 컨설팅

　주식에는 파생상품이 있는 것처럼 상권에도 '파생상권'이 있습니다.

　파생이 들어간 상품이나 상권은 전문가들에게 큰 수익을 가져다줄 수 있지만, 초보에게는 그야말로 무덤이 될 수 있습니다.

　이태원에서 파생된 경리단길.

　홍대 상권에서 파생된 연남동, 상수동, 망리단길.

　잠실 상권에서 파생된 송리단길.

　그 외의 각종 가로수길, 세로수길, 카페거리, 수변거리, 객리단길, 해리단길.

　몇몇 전문가와 기술자가 상권을 형성하고 사람들을 모은 후 이슈를 일으켜 핫 플레이스를 만들어냅니다. 그리고 저렴한 임대료로 가성비 있게 열심히 장사하던 사람들을 앞서 말한 방식으로 내쫓고, 새로운 초보 창업자들은 말도 안 되는 조건으로 입점합니다. 결국, 세입자는 망하고 건물은 공실이 됩니다.

　자칭 전문가들과 기술자들은 또 다른 핫 플레이스 상권을 만들어냅니다. 그런 과정에서 너무 많은 사람이 피해를 봅니다. 지금도 초보 창업자들은 그들의 먹잇감이 되고 있습니다.

　이 척박한 창업 시장에서 진짜 필요한 창업 전문가까지 욕먹이는 그 창업 기술자들에게 당하지 않도록 초보 창업자들은 항상 조심하고 경계해야 합니다.

2000년대 중후반, 한창 상가 부동산 일을 하고 다닐 때였다. 항상 경기가 안 좋을수록 사행성 아이템이 성행하듯 당시는 어지간한 좋은 상권 입지에 '바다 이야기'라는 도박성 게임방이 줄줄이 생겼던 시대였다. 불법이라는 것을 알면서 오픈하고 벌금을 내거나 처벌을 받더라도 몇 개월만 운영하면 한몫 단단히 챙길 수 있는 사업이라 순식간에 늘어나게 되었다.

대부분 간판을 가리고 두꺼운 자물쇠로 걸어 잠근 채 운영했다. 단속이 떠도 강제로 가게에 들어오는 건 사유재산 침범이라는 등 떠들며, 끝까지 버티던 업자들이 생각난다. 이곳 문 닫으면 저 동네 가서 다시 차렸고, 한번 잘 터진다고 소문나면 도박꾼들이 벌떼처럼 몰려들었다.

그때 '바지사장'들 참 많이 만났다. 바지사장. 언뜻 들으면 '내가 청바지 핫바지로 보이냐?' 뭐 이런 느낌이라서 만만한 사장을 이르는 말로 대충 생각할 수도 있지만, 엄밀히 따지면 내가 맞을 총알을 대신 맞아주는 '총알받이' 사장이란 뜻이다.

불법 오락실을 오픈하는 진짜 주인은 한 달에 월급 천만 원 정도 주면서, 돈이 필요한 사람을 대리 사장으로 고용한다. 물론 운영상 나중에 문제가 터지면, 모든 법적인 책임을 바지사장이 지게 한다. 진짜 주인은 바지사장을 두고 하나둘씩 사업체를 늘려간다.

조금 극단적인 바지사장의 사례를 먼저 이야기했지만, 요즘 들어 이 바지사장들이 다양한 분야에서 자주 눈에 띈다. 허울뿐인 지분 몇 % 주면서 사장 자리를 맡기고 무한정 책임을 지게 하는 그 수많은 투자자, 상도의에 어긋나 자신이 나서기 거북한 시장에서 다른 사람을 사장으로 앞세워 이득을 챙기는 후견인들, 사장이라는 자리를 맡기고 온갖 감언이설로 꾀어서 밤샘 근무도 다반사인 일을 열정 페이로 수년간 하게 하는 대주주들.

이번에 이야기할 바지사장도 이 세 가지 경우에 걸린 상황이다. 그는 지금 좌절하고 있다.

육가공 유통회사의 영업사원으로 성실히 일했던 그 사람은 어느 날 경쟁업체 유통회사 임원에게 은밀한 제안을 받았다.

"자네 같은 인재가 그 회사에서 그런 취급을 받는다는 게 너무 가슴이 아프네. 나와 같이 사업해보지 않겠나?"

사장직을 제안한 것이다. 자신은 뒤에서 묵묵히 돕겠다면서 말이다. 제안하는 말투가 겸손하고 품격 있지 않은가? 당시 그 사람은 고향 같은 곳에서 10여 년 이상 근무했다. 박봉에도 핑크빛 장래를 꿈꾸며 회사에 충성하고 살았다. 그러나 자식들은 커가고, 또 한 아이는 아팠다. 그래서 돈 들어갈 데

가 이만저만 아니었다. 게다가 돈이 필요해서 손을 댄 주식 파생상품 투자로 생각지도 못한 빚 5,000만 원을 떠안게 되었다. 말하자면, 돈에 쪼들리는 상황이었다.

경쟁업체 임원은 자신이 직접 앞에 나서기 어려운 상황이어서 그 순수한 영업사원에게 가지고 있는 빚 5,000만 원을 해결하라고 돈을 빌려주고 쥐꼬리만 하지만 지분도 얹어주면서 사장직을 제안했다.

그 임원에게 5,000만 원은 사실 껌값에 불과했다. 하지만 가장 필요할 때에 그 껌값으로 사람의 마음을 얻었다. 그냥 주는 것도 아니고 빌려주는 것으로…. 사실 이 회사를 떠나서 저 회사의 사장이 된다는 건 기존에 몸담고 있던 회사의 거래처들을 빼앗아야 한다는 의미이기도 했다. 한마디로 배신을 해야 하는 상황이었다. 그 순수한 영혼은 우선 돈이 필요했고, 자신을 인정해주는 사람과 일하고 싶다는 순수한 마음으로 사장직을 수락했다. 그리고 1년 동안 열심히 그전 거래처들을 빼앗아오는 선봉장 역할을 했다.

그런데 어느 순간 더 빼앗아올 게 없고 성과를 내기 힘든 상황이 되었다. 투자자 입장에서 더는 효용 가치가 없는 사람이 된 것이다. 투자자는 사장에게 왜 더 성과가 없느냐고 채근했다.

바지사장을 내세우는 사람은 절대 그 바지사장에게 권한을 주지 않는다. 자기가 정확하게 계산한 이익을 위해 그 정도만 하길 바란다. 그저 그 사장이 몇십 년 동안 거래했던 거래처들만 빼앗길 원했을 뿐이었다.

하지만 사장 직함을 가지고 있던 그 바지, 회사에 이익을 내려고 많은 것을 고민했다. 사업 계획을 세우고 증원을 제안했으며, 나름대로 투자 계획도 고민에 고민을 거듭해서 보고했다.

그게 과연 먹힐까?

투자자는 그저 효용 가치가 떨어진 바지사장이 가만히 있길 바랄 뿐이다. 거시적으로 생각하고 제안하는 걸 들으려 하지 않는다. 당연한 일이다. 처음부터 종으로 삼으려고 고용한 건데 종이 제안하는 걸 주인이 들을 리 없지 않은가.

번번이 바지사장의 제안은 막혔고, 투자자는 이제 옳은 얘기를 하는 그 바지사장이 껄끄러웠다. 이제 알아서 나가주길 바라는 수순에 들어갔다. 아무 권한이 없는 바지사장의 말을 들을 직원도 없었다. 오히려 무시 아닌 무시까지 당하면서 사장은 자괴감에 빠져들었다.

그리고 자신이 지난 시간 해온 일들이 주마등처럼 스쳐 갔다. 결국, 갈 곳이 아무 데도 없음을 깨닫게 되었다. 5,000만 원을 갚을 능력도 안 되는데, 당장 일을 그만둬서 월급이 안 나오면 가족이 어떻게 먹고살지 눈앞이 막막했다. 이미 나이는 먹을 대로 먹었고 어디 마땅히 취업할 곳도 없었다. 업계에서는 이미 배신자로 낙인이 찍혔다.

사장이면서 사장이 아닌 억울한 이 바지사장은 현재 완전히 좌절에 빠졌다. 자영업에서 이런 바지사장 참 많다. 이 허울뿐인 사장들은 모든 책임을 뒤집어쓰고 박봉에 열정 페이로 일하면서 사장이라 억울해하지도 못한 채 지금도 개처럼 일하고 있다. 어설픈 감투에 현혹되지 말고, 그 개처럼 부리려는 착한 양의 탈을 쓴 투자자들을 조심하라.

창플지기의 컨설팅

그 '지분'이라는 말이 좀 재밌습니다. 사실 회사든 가게든 무언가 '잭 팟'이 터져서 나중에 현금화되기 전에는 아무 의미가 없는 게 지분입니다. 초보자들은 지분이라는 걸 받으면, 왠지 대단한 걸 받았다고 생각합니다. 그리고 그 지분을 받은 대가로 속 빈 강정 같은 임원이 되어서는 박봉에 열정 페이로 휴일, 밤낮없이 일하고도 자신이 일한 노동의 대가를 제대로 받지 못하는 바지사장들 종종 봅니다.

창업 시장에 이런 일들이 비일비재합니다. 누구는 돈 몇 푼 투자해서 투자자나 실제 사장이 되고, 누구는 돈이 없어서 솔깃한 제안을 받아들여 거의 노예처럼 일만 하며 명함만 사장이 되죠. 물론 경험을 위해 내가 계획한 바에 의해서 일하는 거라면 모르겠지만, 소중한 시간과 열정을 그냥 남을 위해 쓰는 겁니다.

언제든 초보인 당신의 노동력을 헐값으로 이용하려는 고수들은 이 창업 시장에 널렸습니다. 사장이라는 자리에 대한 명예욕을 버리고 실제 나의 노동에 맞게 대가를 받으며 일하면서 열심히 모은 돈으로 진정한 사장이 되기를 바랍니다.

57세가 된 이 건물주가 사실 뭘 많이 바라거나 부자가 되려고, 욕심부려서 건물을 산 건 아니다. 아니 정확히 말하면, 건물 전체를 산 것도 아니다. 그 상가 건물 중 일부를 분양받은 것이다.

그 건물주는 30년 동안 여행 한 번 제대로 가본 적 없고 외식 한 번 제대로 해본 적도 없었다. 다 낡은 차를 몰고 다녔고, 그냥 딱 봐도 평범한 아버지 세대 얼굴 그대로였다. 한 회사에서 30년을 근속했다는 건 그분이 굉장히 성실하고 부지런하며, 조직 생활에서도 모나지 않고 융통성 있게 살았다는 걸 의미한다.

그 30년 동안 열심히 일해서 자식들도 다 키웠지만, 평생 회사생활만 했는데 인제 와서 다른 걸 하는 게 쉽지 않았다. 이 나이 먹고 장사하는 것은 말이 안 되고, '꾸준히 한 달에 200만 원 정도라도 들어오면 두 내외 먹고는 살겠구나.' 하는 마음에 그 건물을 분양받았다.

그분에게는 평생 안 쓰고 모은 피 같은 돈 3억 원이라는 현금과 오래됐지만 대출을 다 갚아서 온전히 내 집인 아파트 한 채가 있었다.

건물을 가지는 게 평생 꿈이어서 그분도 정말 건물을 사고 싶었다고 했다. 하지만 건물 가격이 수십억 원씩 하니, 언감생심 건물을 살 엄두가 안 났다. 그래서 목 좋은 곳, 잘만 사두면 임대료로 매월 고정 수익이 발생하는 분양 건물을 사기로 마음먹었다. 그분 처지에서는 노후 보장을 위해, 어떻게 보면 유일한 대안이었다. 돈도 중요하지만, 품위 있게 늙는 것도 중요했다. 그런데 평생 일만 해서 모은 전 재산을 다 털어서 한 달에 200만 원이라도 받았으면 좋겠다는 생각, 이게 욕심인가? 정말 잘못된 생각일까?

사는 동네 빈 상가들 매매되는 걸 지켜보니 3억 원으로 살 수 있는 건물은 너무 오래되어서 월세로 100만 원도 안 나오는 곳이 대부분이었다. 정말 3억 원으로 마땅히 할 수 있는 게 없다는 걸 깨달았다. 사실 은행에 넣어놓는다고 해도 생활비를 충당하는 건 턱도 없지만, 그 10평도 안 되는 10년도 넘은 작은 가게가 3억 원이라니….

그래서 아파트를 담보로 2억 원 정도 대출받아서 5억 원 정도 하는 가게를 찾아보기로 했다. 5억 원 정도로 가게를 사려고 하니까 오래되긴 했지만, 그래도 세대수 많은 아파트 단지 주변 유동 인구도 적지 않은 곳의 매장들을 고려할 수 있었다.

그런데 일단 매물이 별로 없고 매물이 있어도 자리가 안 좋은 곳이 대부분이었다. 결정적으로, 대부분 임대료가 200

만 원도 안 됐다. 이미 담보대출로 2억 원을 받았기 때문에 한 달 이자만 80만 원을 은행에 내야 했다. 설사 월세 200만 원을 꾸준히 받는다고 해도 수중에 떨어지는 돈은 120만 원밖에 안 되니, 그 정도로는 생활비로 부족했다. 결국, 포기할 수밖에 없었다.

시간은 가고 자꾸 가진 돈만 까먹으니 마음이 급해졌다. 그러던 어느 날, '초역세권 분양 상가, 6% 확정 수익 보장, 2019년까지 전철 개통하면 강남까지 20분'이라는 문구가 적힌 전단을 보았다. 6%의 확정 수익이라면, 이게 바로 그 어르신이 원하던 조건이었다. 5억 원의 6% 수익률이라는 것은 1년에 3,000만 원, 한 달에 250만 원 수익이 발생하는 것이고, 그것을 확정해서 수익을 내준다는 의미다.

5억 원으로 건물을 사서 임대 수익으로 한 달에 250만 원이 들어오면, 이자 80만 원을 내도 170만 원 정도 받을 수 있다. 연금도 받고 좀 아껴 쓰면, 먹고살 만하겠다는 생각이 들었다. 그 정도로 만족하고, 최대한 좋은 자리를 찾자고 마음먹었다.

하지만 이게 웬걸, 5억 원으로는 2층이나 지하 매장 말고 1층 매장은 절대 살 수 없다는 사실을 곧 알게 되었다. 최소 10억 원 정도는 있어야 15평 정도 되는 매장을 살 수 있는 상황. 2억 원도 많은데, 더 무리해서 대출을 받는 것은 너무 위험하다는 생각이 들어 다시 고민에 빠졌다.

그리고 그사이 그 건물에 유명 빵집 프랜차이즈나 대형 햄버거 매장 등 가게들이 하나둘 입점하기 시작하니, 이러다가이 건물도 놓치겠다는 생각에 무척이나 불안했다. 분양 대행사에서도 자꾸 연락이 왔다. 지금 이 자리 놓치면 크게 후회할 거라고, 여기에 이제 프랜차이즈 음식점들뿐만 아니라 대형 마트도 계속해서 임대 들어올 거라며 계약을 재촉했다. 임대료까지 다 맞춰 줄 테니 걱정하지 말고 분양받으라면서옆집 임대차 계약서까지 보여주는데 혹하지 않을 수가 없었다. 커피 프랜차이즈 가맹점이 입점했는데, 보증금 5,000만원에 월세 450만 원이었다.

분양 대행사를 통해 은행에서 분양 건물을 담보로 장기 저리 4억 원 정도 대출을 받고 1억 원 정도는 아파트를 담보로추가 대출받으면, 10억 원짜리 분양 건물의 주인이 될 수 있는 상황이었다. 대출은 정말 많아지겠지만 어떻게든 살 수있는 상황이었다.

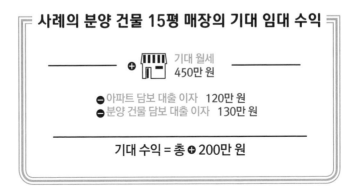

사례의 분양 건물 15평 매장의 기대 임대 수익

⊕ 기대 월세
450만 원

⊖ 아파트 담보 대출 이자 120만 원
⊖ 분양 건물 담보 대출 이자 130만 원

기대 수익 = 총 ⊕ 200만 원

이자를 다 내더라도 월세로 450만 원을 받으니 200만 원이 남는다는 계산이 나왔다. 유명 프랜차이즈들도 들어오고 내 옆집도 임대차 계약이 되었으니 내 자리도 곧 계약 성사될 거라는 희망이 생겼다. 더는 시간을 쓸 수 없는 상황이었고 대안도 없었다. 그래서 분양 대행업체의 말을 믿고 그 상권이 발전해나가는 상황으로 판단하여, 그분은 인생 최대의 사건을 저질렀다. 전 재산 3억 원에 아파트 담보로 3억 원, 건물 담보로 4억 원, 합해서 총 7억 원의 빚을 지고 그 건물을 분양 계약했다.

그렇게 1년이 지났다. 그러나 현재, 그 어르신의 전부인 그 분양 건물은 여전히 공실이다.

옆집에 계약하여 커피숍을 운영하던 임차인도 높은 임대료에 6개월 만에 망해서 나갔고, 하나둘씩 계속해서 간판이 바뀌는 걸 목격했다. 망해서 나가고 다시 월세 낮춰서 들어오고, 또 망하고 더 월세 내리고를 반복했다.

처음에 제시했던 월세 450만 원은 애초에 비현실적인 금액이었다는 걸 알게 되었다. 1년 동안 야금야금 월세를 내리면서 임차인을 찾았지만, 300만 원에도 아무도 들어오려고 하지 않았다. 월세가 너무 높다고 내려달라고 하는데, 지난 1년 동안 피폐해진 정신과 스트레스에 정말 욕만 나왔다. 월세로 300만 원을 받아도 대출 이자로 250만 원을 내고 세금에 원금까지 내면 무조건 마이너스인데, 월세 300만 원도 비싸다고 하면 도대체 어쩌라는 말인가?

생활을 유지해야 하니 대출은 더 늘어갔고, 연체 몇 번에 신용도가 떨어지니 이자도 더 늘어갔다. 성실히 살아온 지난 30년이 없어져 버렸다. 가정의 평화도 사라졌다. 거기다가 요즘은 10평대 상가를 300만 원이나 받아먹으려고 한다며, 욕까지 먹고 있다. 그야말로, 나쁜 건물주가 되어버렸다.

이 건물주는 이제 어떻게 살아야 할까?

창플지기의 컨설팅

　모든 퇴직자의 로망, 퇴직 후 내 건물에서 나오는 임대료로 안정된 노후를 보내는 것.

　열심히 살았던 젊은 날에 대한 보상으로 다달이 200만 원 정도의 임대 수익을 바랐던 것입니다. 하지만 현실은 지옥문이 열린 거죠. 사실 어디서부터 잘못된 건지 모르겠습니다. 임대료 받으며 안정적으로 수익을 내려다 세상 물정 모르는 퇴직자들, 우리 아버지 세대들이 속절없이 무너지는 경우를 너무 많이 봅니다.

　특히 신도시들, 수도권이든 지방혁신도시든 할 것 없이 수요 대비 너무 많은 상가를 지어놓고 퇴직금을 노리는 분양업체가 많습니다. 어쨌든 더 비싸게 분양시키려면, 분양 수익률이 높다는 것을 강조해야 할 것입니다. 그러나 분양 수익률이라는 게 결국 임차인이 한 달에 내야 하는 임대료인데, 현실과 동떨어진 임대료 수준에 아무것도 모르는 초보 분양주는 선뜻 계약합니다. 그저 유명 브랜드 매장들이 들어오는 모습이나 실제로는 말도 안 되는 다른 매장의 계약서를 보고 이렇게 인생 최악의 선택을 해버리는 것입니다.

　평생 빚 없이 살던 사람이 수억 원의 빚을 짊어지고, 손주들 용돈 주며 지낼 시기에 그 이자를 갚기 위해서 밤늦게 대리기사로 나섭니다. 아버지의 실수로 가족들도 대출금을 갚는 데 일조해야 하고 부부관계는 파탄 납니다. 자식들과의 관계도 최악으로 치닫게 되죠.

분양 건물 임대 수익으로 먹고살려고 해도 창업 공부를 하지 않으면 분양주가 될 자격이 없습니다. 나 자신이 내 건물에서 장사하려는 사람의 현실을 모르고 그저 내 돈 주고 건물 사서 수익률에 맞춰 계산하고는 자연히 임차인이 들어올 거라는 생각, 이거 빨리 버려야 합니다.

지금도 화려한 '수익률 확정' 현수막과 '유명 브랜드 입점 확정'이라는 상가 광고판에 속아 순식간에 망해가는 분양주가 많습니다. 자신이 세상 물정 모르는 초보라고 생각한다면, 분양 건물 자체를 일단 생각조차 하지 않았으면 합니다.

내일,
가게 문
닫겠습니다

CLOSED

초보 자영업자,
어떻게 망하는가?

Menu 02

이번에는 광주광역시 어느 대단지 아파트 앞 프랜차이즈 커피숍 이야기이다.

퇴직한 언니와 얼추 아이를 다 키운 동생, 이 사이좋은 자매는 서로 가지고 있는 돈을 모아서 커피숍을 열기로 의기투합했다. 둘 다 취업하기도 애매하고 뭘 새로 시작하기도 모호한, 말하자면 경력 단절녀였다.

커피숍을 운영하면 일단 남 밑에서 눈치 볼 일도 없고, 자매끼리 서로 사이도 좋으니까 즐겁게 일할 수 있으리라 생각했다. 또, 큰 욕심을 부리기보다 서로 인건비 정도만 벌어가면 좋겠다고 생각했다. 사람 안 쓰고 둘이 하면 되니까 리스크도 줄고, 막연하지만 승산도 있어 보였다. '잘될지 누가 알겠어.' 그렇게 생각했다.

커피숍을 운영하기 위해서 부지런히 바리스타 교육이나 커피숍 운영 실무 교육도 받으면서 커피숍 들어갈 자리를 발품 팔아 열심히 돌아다니며 알아봤다. 또, 자기들이 살던 동네에 열 예정이어서 익숙한 장소라 자신감도 있었다.

그런데 창업이라는 것이 하나하나 알아가면 알아갈수록 보통 일이 아니라는 걸 깨닫게 되었다. 당장 가게 인테리어부터 쉽지 않았다. 그리고 어떤 원두를 써야 하고 커피 외의 어떤 메뉴를 정해서 판매해야 할지 골치가 아팠다. 단순한 포장부터 마케팅까지 신경 써야 할 게 너무 많다는 걸 깨달았다. 이 자매는, 결국 프랜차이즈 커피숍을 선택했다.

프랜차이즈 커피숍 창업을 알아보니 생각보다 직접 창업하는 것과 창업 비용에서 별 차이 없는 듯했다. 게다가 브랜드 인지도를 등에 업는 것이어서 프랜차이즈를 선택하는 게 개인 가게보다 효율적이라고 생각했다. 여러 프랜차이즈 업체 중에서 그래도 자매의 스타일에 맞는다고 생각한 브랜드를 선택했다.

전국에 50여 개 정도 점포를 보유한 나름 확장세를 보이는 프랜차이즈였다. 그래도 열심히 확장하려는 중소 프랜차이즈라 그런지 창업 비용이나 인테리어 비용도 가장 저렴했고 로열티도 면제해준다고 했다. 무엇보다 가격 대비 커피 맛과 양이 정말 괜찮았다. 게다가 조금 부족한 자금도 자기네 회사와 연계한 은행에 대출을 알아보고 메꿔준다고 하니 더욱더 믿음이 갔다. 나름대로 양심 있는 프랜차이즈인가 싶었다.

큰 매장은 처음부터 욕심부리지 않아서 10평대 조그마한 점포를 찾았다. 주변에 커피숍이 별로 없고 학생들과 엄마들의 유동이 많은 학원 건물에 계약했다. 보증금 3,000만 원에 월세 180만 원이었다. 떡집 하던 가게라 자리가 좋아서 그런지 권리금은 2,000만 원이었다. 자매 입장에서는 결코 적지 않은 금액이었다. 물론 알아보니 끝 쪽에 무권리 자리도 있었지만, 이왕 여는 거 좋은 공간에 자리 잡자는 생각으로, 권리금 2,000만 원을 주고 그 점포를 계약했다.

인테리어 비용, 복비^{부동산 중개료}, 커피 기계 구매 비용, 초도 물품 구매 비용, 소모품 구매 비용 등 이것저것 지출하고 보니 6,000만 원 정도가 그냥 사라졌다. 여기에 부가세도 추가해야 하니 나중에 환급을 받는다고 해도 7,000만 원 가까이 지출했다.

사례의 프랜차이즈 커피숍 창업 비용

 매장 보증금, 권리금
5,000만 원

 인테리어 공사 비용
4,500만 원

 냉난방기 철거 및 설치 비용
1,000만 원

 부동산 중개료 + 초도 물품비 + 매장 소모품비 등
600만 원

총 창업 비용 = 약 1억 2,000만 원(부가세 포함)

초기에 생각했던 것보다 훨씬 많은 돈이 들었지만, 그래도 이왕 하는 거 제대로 해보자는 생각에 일단 저지르는 것으로 의견을 모았다.

많은 우여곡절 끝에 드디어 가게를 열었다. 다행히도 손님들로 문전성시였다. 한 번에 손님이 몰릴 때는 정말 다 놓아 버리고 싶을 정도로 정신없이 바빴다. 10평대 작은 가게였지만 동네 주부 손님들로 테이블은 항상 꽉 찼다. 여름이라 그런지 주스 종류도 곧잘 나갔다. 언니는 부지런히 커피를 내렸고 동생은 부지런히 포장하며 계산했다. 힘들었지만, 그 래도 점점 자리를 잡는다는 생각에 한눈팔지 않고 서로 응원 하면서 손님에게만 집중했다.

곧 주변에서 상인들에게 돈 많이 벌어서 좋겠다는 이야기를 듣게 되었고, 이 상가에서 가장 장사 잘되는 집이라는 소리도 들었다. 친구들이 와서 부러워할 정도로 대박 난 가게로 보였다.

그런데 이 두 자매는 6개월 만에 뭔가 잘못되었다는 것을 느끼게 된다. 아무리 계산해봐도 남는 건 한 달에 100만 원밖에 안 되는 것이었다. 100만 원을 둘이서 50만 원씩 나눠가지는 상황이 지속했다. 이렇게 바쁜데도 말이다. 도대체 어떻게 된 일일까?

아파트 상권이다 보니 아침 이른 시각에는 손님이 없어서 오전 10시에 출근해 11시부터 영업을 시작한다. 문을 연 11시부터 몇몇 손님이 방문하긴 했지만, 대개 2,000원짜리 커피 한 잔 시켜서는 점심까지 계속해서 매장에 머무르는 게 보통이었다. 점심에는 식사를 마친 사람들이 커피를 테이크 아웃 하러 몰려왔다. 주변에 이 자매의 커피숍밖에 없어서 그런지 피크 시간인 그 시간에 손님이 엄청나게 몰려서 갑자기 바빠진다.

그 시간 외에는 2,000원짜리 커피나 3,000원짜리 차 한 잔 시키고 테이블을 차지하고서 컴퓨터를 켜고 인터넷 서핑이나 과제 등을 하는 학생이 많았다. 사람은 있지만 사실상 매출에는 도움이 안 되는 상황이 지속하다가 저녁이 되면 그럭저럭 손님이 꾸준하게 들어온다. 그러다가 밤 9시가 되면 사실상 길에 다니는 사람조차 없으니 자연스럽게 가게 문 닫을 준비를 했다.

프랜차이즈 본사 매장에 가서 봤을 때는 상권이 좋고 매장 규모가 있어서 그런지 커피 말고도 빵이나 과자, 브런치 메뉴나 베이글 같은 사이드 메뉴도 곧잘 판매되는 것으로 보였는데, 이 자매의 매장은 커피 말고 다른 단가 높은 메뉴가 별로 나가지 않았다. 손님들도 아예 커피 말고는 다른 메뉴에 관심을 두지 않는 것처럼 보였다.

매장을 열기 전 교육받았을 때 원두 1kg으로 60잔이 나온다고 들었는데, 막상 운영해보니 예측 못 한 로스 때문인지 50잔밖에 나오지 않았다. 2만 원에 원두 1kg을 받으니 한 잔당 원가는 400원인 셈이었다. 한 잔의 250~300원꼴인 용기 가격도 생각해야 했다. 손님 대부분이 테이크 아웃 하다 보니 용기 구매 비용도 만만치 않았다. 그렇게 계산해보니 커피 한 잔의 원가는 700원 정도. 2,000원짜리 아메리카노 커피 한 잔 팔아서 1,300원이 남는다는 의미이다. 거기에 쿠폰 행사 진행하고 서비스 주는 것까지 계산하면, 그마저도 채 남지 않는 것이었다.

평균 오전에 20잔 정도, 오후 들어 40~50잔, 저녁에 10~20잔 판매했다. 그래도 잘나갈 때는 하루에 원두 2kg, 즉 약 100잔까지 판매했다고 하니 장사가 안되는 가게는 아니었다. 100잔 판매하는 날은 정말 정신없이 바쁜 날인 것이고, 카페라테나 다른 비싼 메뉴가 잘 팔렸어도 대략 하루에 30~40만 원 정도 매출을 올렸다. 그러나 날씨가 안 좋거나 쌀쌀해서 사람들이 밖에 잘 안 나오는 날에는 10만 원 정도밖에 매출이 안 나올 때도 있었다. 이처럼 매출이 들쭉날쭉한 것도 문제였다.

그러면 한번 이 자매의 커피숍 한 달 수익을 계산해보자.

사례의 프랜차이즈 커피숍 세전 순수익

월 매출
600~1,000만 원 (평균 800만 원)

- **$** 커피 및 부재료 원가 300만 원, 38%
- 임대료 (부가세 포함) 200만 원, 25%
- 보험료, 각종 공과금 및 인터넷·세스코 이용료 60만 원
- 배너, 명함, 전단지 등 광고 물품 제작비, 식대 및 교통비 100만 원

세전 순수익: 약 ➕140만 원

부가세와 카드 수수료 내고 100만 원 정도 남으면, 둘이 대략 50만 원씩 나눠 가졌다.

그리고 이 자매는 장사한 지 1년 만에 남들이 장사 잘된다고 이야기하는 우리 커피숍의 현실을 알게 된다.

'우리 이거 왜 하지?' 자매는 고민이 깊어졌다.

그리고 곧 커피숍 문을 닫았다. '그 장사 잘되던 커피숍이 왜 문 닫았지?' 하면서 단골손님들은 아쉬워했다.

창플지기의 컨설팅

초보 창업자들이 하는 착각 중 가장 큰 것은 가성비 있게 정성을 다하면 손님들이 자주 와서 사 먹을 거라는 생각입니다. 그러나 너무 객단가가 낮아 버리면 아무리 팔아도 가져가는 게 별로 없게 됩니다.

단가가 낮은 것을 판매하고 승부를 보려면, 영업시간이 길어야 하고 영업시간이 길어도 항상 사람들로 붐비는 곳이어야 합니다. 누구나 아는 유명 상권에 횡단보도 바로 앞에 있는, 권리금이 엄청 높으면서 임대료가 무지하게 비싼 그런 자리에서나 장사해야 하는 아이템인 거죠. 객단가 낮은 물건을 파는 창업은 창업 초보가 할 게 아니라 창업 고수가 해야 한다는 이야기입니다.

특히 앞에 이야기한 사례처럼 아파트나 주택가 동네 상권에 들어갈 땐 더더욱 객단가를 고려해야 합니다. 똑같이 50만 원을 벌어도 5천 원짜리 100개를 파는 전략이 아니라, 5만 원짜리 10개를 파는 전략이 필요합니다. 5천 원짜리 햄버거를 100명한테 파는 게 아니라, 한 번 먹고 일어나면 테이블당 5만 원이 나오는 삼겹살집에서 10개 테이블을 채우는 전략이 필요합니다. 많은 사람이 와야 매출이 오르는 전략이 아니라, 적은 사람으로 매출을 내는 전략이 필요한 겁니다.

낮은 단가로 새롭게 창업하시려는 분들은 꼭 이 점도 참고했으면 합니다.

닭강정 프랜차이즈 가맹점의 갑작스러운 폐업

'자영업자, 자신의 노하우로 스스로 사업을 운영하는 사람.'

매년 유행하는 아이템들이 생겨나고 매년 창업하려는 사람들은 쏟아져 나온다. 마치 고등학생에서 대학생을 거쳐 사회에 사람들이 쏟아져 나오듯이 일반인에서 예비 창업자로 창업 시장에 매년 사람들이 쏟아져 나온다.

그런데 초보 창업자들은 경험이나 노하우가 없고 아는 게 없어서 그 업의 본질을 이해하지 못한다. 게다가 자신의 개별적인 상황, 이를테면 내가 가진 돈이 얼마인지 등을 제대로 파악하지 못한다. 그래서 조금이라도 힘이 덜 들고 쉬워 보이거나 티브이에 나오는 전문가라는 사람들, 주변 사람들의 유망하다는 말과 조언만 듣고 섣불리 아이템을 결정한다.

그렇게 창업하고선 자신을 자영업자라고 생각하지만, 어느 순간 스스로 나의 업을 경영하지 못하게 되면서 한 방에 망하는 경우를 적지 않게 보았다. 이번에는 그 이야기를 좀 해보려고 한다.

2013년경 수입 닭강정 브랜드가 미친 듯이 늘던 시절이 있었다. 지금도 경기가 안 좋지만, 그때도 경기가 안 좋았다.

치킨 한 마리에 15,000원짜리도 부담스러운 시기에 닭강정 한 컵에 3,000원, 5,000원으로 싸게 파니 사람들이 줄을 섰다. 예전에는 속초나 인천 신포시장에 가야 먹을 수 있었는데, 프랜차이즈로 전국 동네 곳곳에 매장을 오픈하고 뻗어가면서 전 국민이 닭강정을 즐기던 시기였다.

독특한 상품을 파는 브랜드들은 대개 처음은 창대하다. 왜냐하면, 처음에는 경쟁자가 없어서 독주할 수 있기 때문이다. 그 옛날 1,000원짜리 김밥, 1,500원짜리 저가 주스나 저가 커피, 대만 카스텔라, 2,900원짜리 갓 나온 식빵, 핫도그나 꽈배기까지 처음에는 줄을 서서 먹고 경쟁자가 없었을 때는 잘되다가 어느 순간 경쟁자가 우후죽순 나오면서 몰락한 예는 수도 없이 많다.

치킨으로 이야기하면, IMF 시기가 지나고 2000년대에 인기를 끌었던 '오마○치킨'이라는 브랜드가 대표적이다. 오마○치킨은 삼계탕에나 들어갈 만한 조그맣고 값싼 닭 한 마리를 반죽 물에 묻혀서 통으로 튀겨 한 마리에 5,000원이라는 파격적인 가격으로 시장에 내놨다. 그리고 몇 달 지나지 않아 수백 개의 가맹점을 열었고, 전 국민을 치킨에 열광하도록 했다.

오마○치킨이 망했던 이유는 몇 가지가 있다. 우선, 수요 대비 공급이 못 따라가 원재료 값이 폭등했다. 여기저기 다 따라서 가게를 오픈하고 팔다 보니 그 조그만 닭이 큰 닭 가격이랑 비슷해진 것이다. 아무리 조그만 닭이지만, 원가가 저렴할 때나 소비자한테 5,000원이라는 저렴한 가격에 팔 수 있다. 소비자가격 5,000원으로는 도저히 팔 수 없어 6,000~7,000원으로 가격을 올리면서 소비자들에게 외면받았다. 매장을 운영하는 점주들은 남는 게 없으니 저가 치킨을 팔 수 없었다. 결국, 몇백 개의 저가 치킨집이 오픈할 때 그 속도처럼 순식간에 문을 닫았다.

지금 말하려는 이 닭강정 브랜드도 여러모로 오마○치킨과 비슷했다. 두 브랜드 모두 닭이라는 재료를 사용했다는 것과 순식간에 생겼다가 순식간에 없어졌다는 공통점이 있다. 평소에는 잘 먹지도 않던 값싼 브라질산, 미국산 순살 닭고기를 강한 불로 기름에 튀겨서 자극적인 양념으로 버무려 한 컵에 3,000원에 팔아버리니 대박이 난 것이다. 그렇게 조리하면, 수입 냉동 닭 특유의 냄새도 안 나고 강한 맛에 혀가 마비되어버리니 아이든 어른이든 누구나 간식으로 부담 없이 즐기기 좋았다.

이 수입 닭강정 브랜드의 실패도 오마○치킨과 비슷했다. 원재료 가격이 올라서 마진이 더 박해지고 가격을 올리면서 소비자들에게 외면받은 것까지는 똑같은 스토리인데, 이 닭강정 프랜차이즈의 실패에는 또 하나의 원인이 있었다. 그 원인은 바로 소스에 있었다.

안 그래도 수입산 닭고기 가격이 올라서 아무리 팔아도 점주들에게 남는 게 없었는데 본사에서는 오히려 소스 가격을 엄청나게 올린 것이다. 처음에 닭강정 프랜차이즈를 선택하는 과정에는 너무 좋았다. 프랜차이즈 직영점에 가볼 때마다 사람들이 줄을 서서 먹고 있었고 다른 지점들도 장사들이 곧잘 되었다. 여러 가지가 맘에 들었지만, 무엇보다 초보자들도 바로 장사할 수 있는 시스템이 맘에 쏙 들었다. 항상 초보 창업자는 일단 자신이 쉽게 창업할 수 있는 것을 찾다 보니, 본사에서 하루에 한 번 가져다주는 닭과 소스를 한데 넣고 그냥 튀기고 볶아버리면 끝나는 닭강정은 당시에 정말 매력적인 창업 아이템이었다.

그런데 닭강정 판매 매장을 운영하는 사람 입장에서 보지 말고 일단 그 닭강정 프랜차이즈 본사 입장에서 한번 생각해 보자. 처음엔 소자본 창업이라고 해도 다양한 부분에서 수익이 발생했다. 10평짜리 작은 평수의 매장이라도 한 곳을 오픈해주면, 인테리어는 물론이고 냉장고, 튀김기 등 이것저것 차리는 데 필요한 것을 마진 붙여서 넘겨주니 '초기 개설 수익'이 발생했다.

그리고 값싼 수입 닭고기를 좋은 마진에 가져와서 점주들에게 마진 좋게 넘기니 '닭고기 물류 수익'도 발생했다. 더해서 브랜드만의 특별한 맛을 내기 위해 소스를 개발하여 마진을 붙여서 적당한 금액으로 가맹점에 공급하니 '소스 공급 수익'도 상당했다.

> ## 치킨 프랜차이즈 업체의 수익
>
> ·초기 개설 수익: 매장을 개설해주고 인테리어 공사나 각
> 종 기기 등을 설치해주며 발생하는 수익
> ·닭고기 물류 수익: 닭고기를 점주에게 공급하고 발생하
> 는 수익
> ·소스 공급 수익: 본사 연구진이 개발한 소스를 점주에게
> 공급하고 발생하는 수익

그런데 점점 경쟁자가 늘어나고 점주들의 원성도 높아지면서 창업자들도 적어지다 보니 그 세 개의 수익 중 가장 처음에는 초기 개설 수익을 포기한다. 적은 금액으로 창업할수 있다고 해야 양심적으로 보이고 홍보가 되어 고객을 더확보할 수 있으므로, 초기 개설 수익은 과감히 포기한 것이기도 하다. 인테리어도 직접 해도 되고, 노마진으로 차려준다고 하며 겸손하게 초기 개설 수익을 없앴다. 그래도 어쨌든 예비 창업자가 우리 브랜드를 선택해 창업하면, 닭고기물류 수익과 소스 공급 수익은 챙길 수 있어서 운영에는 문제없었다.

그런데 점점 더 경쟁자가 늘어나고 '레드오션Red Ocean'으로 진입하면서 수입 닭고기 물류 수익을 포기하거나 최소화할 수밖에 없었다. 수입 가격 자체가 계속 올라서 점점 더 점

주들에게 돌아갈 마진이 박해진 데다가, 그사이 닭고기 유통하는 중간 도매상들이 끼어들어 점주들이 본사 물건 안 받고 다른 곳에서 사입하고는 해서 마진을 붙여 공급하기가 어려운 상황이 된 것이다. 닭고기야 어차피 수입해오는 거라 어디서 받든 품질이 비슷하다면, 점주 입장에서 더 싼 물건을 공급받으려 하는 건 당연하다.

본사 입장으로 본다면, 어쨌든 본사도 수익을 내야 브랜드를 운영할 수 있다. 한 달에 매장당 100만 원이든 200만 원이든 단 얼마라도 남겨야 운영할 것 아닌가? 한 개 매장이면 100만 원, 10개 매장이면 1,000만 원, 100개 매장이면 1억 원 정도는 수익이 나야 사업할 맛이 날 것이다.

결국, 수익을 볼 수 있는 마지막 요소인 소스, 그 소스 가격을 올린다. 본사 입장에서는 소스 공급 수익도 없으면 이젠 그 브랜드를 운영할 이유가 없다.

인테리어와 닭고기는 대체가 가능해도 소스는 대체 불가능하다. 다른 것으로 교체하면, 맛이 달라져 문제가 생기는 것뿐만 아니라, 때에 따라서 법적인 분쟁이 생길 위험도 있다. 닭고기는 그렇다 쳐도 소스랑 염지제 같은 것은 아무리 비싸도 받을 수밖에 없는 필수 강제 구매 품목이다. 게다가 소스는 맛의 핵심이고 그동안 우리 닭강정을 먹었던 사람들이 우리 매장을 찾은 첫 번째 이유이다. 손님은 그 맛 때문에 먹은 건데, 맛이 바뀌면 아예 장사가 안될 수도 있다. 그래서 본사는 마지막으로 소스 가격을 올려 수익을 보장받으려는 것이다.

그러나 가맹점 입장에서는 소스 가격까지 올려버리면, 도저히 그 마진으로는 매장을 운영할 수가 없을 것이다. 이쯤 되면 문 닫는 것까지 생각하게 된다. 그리고 더는 먹을 게 없는 프랜차이즈 본사도 이젠 모든 것을 포기하는 길로 접어든다.

일부 본사들은 가맹점들이 빨리 없어지길 바랄 수도 있다. 일반 자영업자들이나 가맹점주가 이렇게 장사하려면 차라리 문을 닫는 게 낫겠다 싶은 마음이 드는 것처럼 프랜차이즈 본사도 그 브랜드를 포기하는 게 낫다고 판단할 수 있다.

초보 예비 창업자들에게 충고한다. 항상 브랜드를 선택할 때는 이 회사가 무엇으로 먹고사는 회사인지 확인해야 한다. 이 이야기에서 말한 프랜차이즈 회사는 소스 공급 수익으로 먹고사는 회사였다. 소스는 그 브랜드를 선택한 매장이라면 꼭 써야 하고, 지금은 괜찮아도 나중에 언젠가는 앞서 말한 부작용을 만날 수 있다. 그래서 소스 공급 수익으로 먹고사는 프랜차이즈 회사를 선택한 점주들이 한 방에 훅 가는 경우를 꽤 많이 봤다. 순식간에 수십 개가 사라지고 몇 개월 만에 수백 개가 없어진다.

소스는 어떻게 할 수 없는 것이다. 원가는 얼마 하지 않지만, 그 가게 영업이 끝날 때까지 그 소스와 양념이 없으면 장사를 못 한다. 게다가 분명히 요식업을 운영했으면서도, 지난 몇 년간 그냥 남이 가져다주는 소스로만 조리해온 사장은 몇 년이 지나도 자생력 없는 장사꾼으로 남게 된다. 자영업자는 스스로 업을 경영하는 사람이라는 의미인데, 남이 소스를 안 주면 자신의 업을 경영하지 못하는 사람이 되어버리는 것이다.

다시 한번 말하겠다. 원재료에 본사의 소스만 가지고 조리하면 간단하게 턱 요리가 나온다는 브랜드들을 선택할 때 꼭 기억하기를 바란다. 처음엔 좋아 보이지만, 어느 순간 영문도 모른 채 끝나버린다.

창플지기의 컨설팅

　많은 프랜차이즈 회사가 초보자도 누구나 쉽게 장사할 수 있다며 영업합니다. 원팩 조리 시스템_{포장을 뜯어 그대로 조리하면 완성품이 나오는 방식}이나 반조리 시스템, 아니면 지금 이야기한 사례와 같이 소스만 넣고 조리하면 되는 방식을 내세웁니다. 그러나 이러한 것은 쉽게 창업하는 지름길인 것처럼, 오히려 쉽게 망하는 지름길이기도 합니다.

　물론, 제대로 만들고 제대로 공급해서 경쟁력 있게 운영하는 프랜차이즈 업체가 대다수입니다. 꼭 일부 부도덕한 업체가 시장의 물을 흐려 놓습니다. 그런 업체와 창업하면 방금 이야기한 것처럼 허탈하게 업을 끝내게 되는 상황을 만나게 될 수 있습니다.

　사람들은 그냥 프랜차이즈라고 하면 다 비슷하다고 생각하고는 합니다. 프랜차이즈 업체라는 건 진정 자신들만의 노하우와 시스템을 갖추고 브랜드 파워를 일궈놓은 후 로열티를 받아 회사를 운영해야 하는데, 자신의 본업을 프랜차이즈라는 이름으로 감추고 사업하는 업체가 많습니다.

　같은 치킨을 다루는 프랜차이즈 업체라고 해도 세련된 인테리어를 내세워 수익을 보는 회사도 있고, 닭고기를 절단하고 양념하고 포장해서 납품하는 닭고기 유통으로 수익을 보는 회사도 있습니다. 그리고 치킨이라는 이름을 내걸었지만, 술 판매 수익으로 먹고사는 회사들도 있습니다.

　그러니 자신이 선택하려는 그 회사의 본질을 미리 확인하고 창업하는 지혜가 필요합니다.

창업에 나름대로 사활을 걸고, 인생을 거는 사람이 많다. 정말 열정을 다해서 숙달할 때까지 연습에 연습을 거듭하고 큰 결심을 내려서 고향을 떠나 이사까지 하는 사람들도 있다. 상권을 알아볼수록 너무나 치열한 경쟁을 목격하게 되니 새로운 아이템과 인테리어로 중무장하고 차라리 살던 곳을 떠나, 서울이 아닌 지방으로 내려가서 창업하는 사람도 많다.

너무나 치열한 경쟁을 떠나서 장사하겠다는 생각, 충분히 가능한 생각이다. 나의 요리 실력과 가게의 인테리어가 서울에서는 그저 그런 수준일지 모르지만, 지방을 직접 살펴보니 무조건 성공하겠다는 생각이 드는 것이다.

이번 사례에서 이야기할 사장도 그런 경우이다. 어느 지방의 동네, 시장 조사도 다 하고 실력 있는 인테리어 업자도 대동하여 훌륭한 가게를 차렸다. 몇 년간 준비했기에 요리 실력도 셰프 수준만큼 올렸다. 그 동네에서 가장 세련된 호텔식 안주가 나오는 호프집을 차릴 계획이었다. 최고의 맛과 즐거움을 주는 공간으로 만들고자 공사 시작 후 두 달간 준비를 정말 많이 했다. 그리고 거주할 집도 마련했다. 그만큼 가게에 전부를 건 것이다.

그렇게 가게 오픈 날이 왔다. 역시, 오픈하자마자 젊은이들은 물론 동네 사람들이 다 몰려와서 사람들로 인산인해를 이뤘다. 특별한 음식을 만들고 서비스도 넉넉히 주면서 그 동네 사람들에게 인심을 얻으려고 정말 최선을 다했다. 아침마다 시장에서 신선한 재료를 직접 사 올 만큼 노력에 노력을 거듭했다.

그렇게 그 동네 핫 플레이스로 등극하려던 어느 날, 갑자기 가게 문을 닫게 된다. 오픈한 지 얼마 지나지 않아 '3개월 영업 정지'라는 청천벽력과도 같은 일이 벌어진 것이다. 미성년자 출입으로 인해 신고가 들어왔고 경찰이 왔다 간 후 바로 영업 정지라는 벌칙이 떨어졌다.

이제 막 장사 시작해서 매출을 올리려던 가장 중요한 시기에 영업 정지를 맞아버리니 정말 미칠 노릇이었다. 나중에 안 것인데, 주변 상인들이 일부러 미성년자를 집어넣고 신고한 것이었다. 생각지도 못했다. 누구한테 하소연도 못 하고 혼자서 끙끙 앓으며 마음고생 했던 3개월, 정말 힘들고 답답한 시간이 그렇게 지나갔다.

그런데 이번에는 술을 먹다가 갑자기 취객들이 난동을 부렸다. 아무리 말려도 막무가내였고 그사이 손님들은 다 나가버렸다. 이후에는 갑자기 그 동네 문신한 조폭들이 가게에 들이닥쳐서는 집요하게 꼬투리 잡아 말썽부리거나 협박했다. 그렇게 6개월이 지나니 제대로 장사해보지도 못했는데 손님들의 발길이 끊겼다. 그리고 여기저기에서 비아냥거리는 소리가 들려왔다.

"여기가 어디라고, 어디 외지 놈이 기어들어 와서는 까불고 있어!"

지방에 가서 대충 둘러보고서는 너무 쉽게 이야기한다.

'이 동네에 술집 같은 거 들어오면 진짜 잘되겠다.'

그렇지만 지방 우습게 보면 안 된다. 지방에는 대개 사람들 간의 룰이 있고, 지방일수록 더더욱 지역색이 강하다.

자기네 동네 발전시켜보려고 군청을 옮긴 군수가 그 군청 옆에서 먹고살던 시장 상인들의 단합으로 다음 선거에서 바로 떨어진 경우를 봤다. 아무래도 군청을 옮기니 주변 상인들의 매출이 급락한 것이었다. 정치 성향을 떠나 그 시장 상인의 아들딸, 조카며느리의 손자 등등 다 그 동네에 얽히고 설켜 있어서 하나로 똘똘 뭉쳐 투표장으로 가 낙선을 시켰다. 그 동네를 발전시켜보려던 군수는 아무것도 해보지 못하고 낙선했다.

열심히 노력했고 시장 조사며 모든 것을 완벽하게 준비했을 뿐만 아니라 반드시 성공하겠다는 각오를 다졌다 하여도 이런 지역적 특성을 이기는 것은 쉽지 않다. 결국, 연고가 없는 곳에 가서 야심 차게 가게를 차렸던 그 서울 사람은 폭삭 망하고 전 재산을 날렸다.

연고가 있다면 모를까, 지방으로 내려가서 장사하는 거 신중하게 생각하라. 정 지방에 내려가서 장사하고 싶다면, 새롭게 형성된 신도시 상권으로 가라. '지방혁신도시'는 외지 사람들이 모여서 사는 곳이다. 경쟁도 서울보다 덜하고 지방이라 땅값도 낮아서 초기 분양 기간이 몇 년 지난 곳에 가면 임대료도 싸다. 물론 경쟁자도 적으니 차라리 그런 곳으로 이전하는 걸 추천한다.

부디 지방을 쉽게 보고 앞서 이야기한 사장처럼 망하는 길에 들어서지 않길 바란다.

수도권 이외의 지방 창업 시 특별히 고려할 점

· 수십 년 이상 된 구상권인가?
· 지역색이 강한 지역인가?
· 가족 여러 세대가 함께 거주하는 지역인가?
· 새로운 인물에게 적대적인가?
· 거주인들의 연령대가 높은가?

눈에 보이지 않는 위험은 언제든 창업자 주변에 도사리고 있습니다. 창업 준비하는 데 눈에 보이는 것을 먼저 살펴야 하지만, 눈에 보이지 않는 부분도 정말 신경 써야 합니다. 그러나 초보 창업자들은 그 부분을 간과하죠.

앞서 이야기한 창업자 역시 눈에 보이는 맛과 운영 그리고 마케팅까지 모든 것을 완벽하게 준비했지만, 가장 중요한 지역 조사를 제대로 하지 않았습니다. 특히 대한민국이라는 곳은 엄연히 지역색과 혈연, 지연 같은 사람과의 유대관계가 깊은 나라이고, 그 유대감으로 자신들만의 공동체를 만들어 살고 있습니다. 전혀 유대가 없는 누군가가 우리 동네에서 허락도 없이 그냥 가게 오픈해서 돈 벌어가는 것을 절대로 용납하지 않는 것입니다.

내가 창업할 곳에 대해서 반드시 사전 조사를 철저하게 해야 하며, 지역색이 강한 지방에서의 창업은 초보 창업자라면 특별히 주의하길 바랍니다.

'박리다매薄利多賣.' 박리다매라는 것은 그야말로 적게 남기고 많이 판다는 뜻이다. 내가 취해야 할 이윤을 줄이고 대신에 소비자에게 가성비 있다고 느끼게 하여 많이 팔아서 남기겠다는 말이다. 이게 말이 쉽지, 사실 초보자가 해서는 안 되는 사업 방식이다. 고객에게 가성비를 느끼게 해서 많이 팔 거라고 초보 창업자들은 쉽게 이야기하는데, 진짜 박리다매로 성공하려면 어떤 조건이 필요할까?

내가 사회에 나와 처음부터 프랜차이즈 업계에 발을 디딘 것은 아니다. 처음 취직한 곳은 '롯데○○'라는 놀이동산의 협력 업체였다. 그곳의 매장 여섯 개를 책임지고 운영하는 점장 자리에 5년간 있었다. 5년간 직접 매장들을 운영하면서 세 개의 카트 매장을 추가하여 매출 최대 월 1억 원까지 찍었던 기억이 난다.

일반 매장은 문을 통해 들어와야만 고객을 만날 수 있지만, 수레처럼 생긴 것에 물건을 놓고 파는 카트 매장은 더욱 더 고객 가까이에서 소통할 수 있는 장점이 있다. 그래서인지 카트 매장 수입이 더 쏠쏠했고, 더 많은 카트 매장을 운영하려고 노력했던 기억이 떠오른다.

　당시에 내가 판매했던 상품은 3,000원짜리 악마 뿔 모양 머리띠와 4,000원짜리 원숭이 모양 풍선, 그리고 5,000원짜리 영화 〈스크림〉 가면, 1,500원짜리 누르면 들어가는 마법 칼 등 평균 3,000원의 비교적 값싼 물건들이었다. 그런 저렴한 제품으로 1억 원에 육박하는 매출을 올렸다는 건 지금 생각해도 대단한 일이다. 오래전 이야기를 꺼내며 내 자랑을 하려는 게 아니다. 당시 내가 겪은 이야기를 통해서 박리다매의 성공 조건이 무엇인지 이야기해보려고 한다.

　당시에 내가 장사하는 데 가장 탐냈던 자리는 바로 사람들이 가장 붐비는 '바이킹'이라는 놀이기구 앞의 자리였다. 그곳에서 반드시 카트 매장을 운영해야겠다고 생각했다. 그 자리를 따내기 위해 노력했고, 결국 허가를 받았다. 바이킹 모양으로 멋있게 카트를 만들어서 그곳에 입점했고, 예상대로 전체 매장 중에서 가장 정신없이 바쁜 매장이 되었다.

　자, 한번 따져보자.

　일단 그 놀이동산에서 가장 유동이 많은 곳인 바이킹 놀이기구 앞에 바이킹을 닮은 카트를 가져다 놓았다. 그리고 평균 3,000원이라는 부담 없는 가격에 물건을 판매했다. 별로 살 마음이 없어도 누가 사달라고 하면 부담 없이 그냥 낼 수 있는 금액이다. 그리고 결정적으로, 바이킹 놀이기구 앞에는 내 카트 매장을 합해서 단 두 개 매장밖에 없었다. 바로 경쟁이 없었다는 의미이다.

> ### 사례의 카트 매장으로 보는 박리다매의 조건
>
> 1. 인기 있는 놀이기구 앞 가장 유동이 많은 곳 – 상권과 입지가 좋고 권리금을 동반한 월세가 높은 곳
> 2. 바이킹 인테리어의 멋진 매대 – 세련된 간판을 동반한 눈에 확 띄는 익스테리어_{건물 외부 디자인}
> 3. 평균 3,000원의 부담 없는 판매 가격 – 가격 저항이 적어 남녀노소 누구나 쉽게 살 수 있는 물건
> 4. 두 개밖에 없는 매대 – 경쟁업체가 적거나 들어오기 힘든 곳, 독점이 가능한 곳

아침 10시부터 바이킹 매대에 잔뜩 상품을 놓고 아르바이트 두 명이 판매 일을 했다. 한 명은 돈 가방을 십 자로 둘러맨 채 돈 관리를 하고 한 명은 손님들에게 쉴 새 없이 물건을 팔았다. 점심때가 돼서 물건이 다 떨어졌다고 전화가 오면, 덩치 큰 아르바이트생이 또 잔뜩 상품을 둘러매고 카트를 채우러 갔다.

그러기를 쉴 새 없이 반복하다가 영업 종료 전 매장으로 돌아오면, 돈 가방에는 평균 100만 원이라는 돈이 들어 있었다. 그때 정말 3,000원짜리로 하루에 100만 원 버는 게 얼마나 힘든지 뼈저리게 깨달았다. 아르바이트들은 그 전쟁터 같은 곳에 한 번 갔다 오면 녹초가 되어버리니까, 바이킹 앞 매

대에 서로 가기 싫어했다.

우리 외식업에도 이런 박리다매의 역사가 있다.

저가 치킨, 저가 닭강정, 저가 주스, 대왕 카스텔라, 핫도그, 꽈배기 등이 그것이다. 업체들은 여기저기 소자본을 투자해서, 말하자면 '대박을 냈다'고 광고한다. 여기에서 업체가 소자본이라고 이야기하는 건 바로 창업 비용인데, 프랜차이즈 업계에서는 시설비를 이야기하는 것이다. 통상 창업 비용이 5,000만 원 이하인 것을 소자본 창업이라고 이야기한다.

당연히 소자본일 수밖에 없다. 앞서 이야기한 창업 아이템들 모두 10평대 테이크 아웃 전문 매장이면 충분한 데다가 메뉴가 다양하지 않아서 주방 기자재나 기물들도 적게 들어갔다. 홀 손님을 고려하지 않아서 의자·탁자나 인테리어 퀄리티가 높지 않아도 되었다. 뒤쪽은 대충 꾸미고 앞쪽 인테리어만 신경 쓰면 됐다.

그런 점을 생각하면 5,000만 원 수준의 창업 비용도 너무 비싼 금액이다. 하지만 그것을 제대로 알지 못하는 초보 창업자들은 상세히 조사하기보다 잘되는 프랜차이즈 본사 매장의 겉모습만 보고 자신이 가진 창업 자금에 맞춰 창업 시장에 뛰어들었다. 그리고 그 뒤 차례대로 하나둘씩 망하기 시작했다.

나는 지금도 '소자본 창업'을 내세우며 창업자를 모집하면서 좋은 상권에 들어가야 한다고 얘기하는 프랜차이즈 회사들에 화가 난다. 좋은 상권에 들어가는 것 자체가 소자본 창업이 아니다. 프랜차이즈 본사는 비싼 월세, 권리금을 감당할 수 있으니 좋은 상권에 들어갈 수 있어 손님들 줄 세우는 모습을 연출할 수 있었을 것이다. 그렇게 그들은 창업자를 현혹하여 유치하고 가맹점을 늘리면서 인테리어 공사 수익, 물류 수익을 가져간다.

하지만 가장 먼저 망하는 사람들은 따로 있다. 적은 창업비에 어쩔 수 없이 좋지 않은 자리에 들어간 사장부터다. 그래도 제일 좋은 자리에 들어가는 사장은 제일 마지막에 망할 것이며, 끝까지 버틴 사장들은 어쩌면 돈도 벌 수 있을 것이다. 특히 권리금이 없는 곳을 찾아 신도시 상권에 들어간 사장들은 거의 재앙에 가까운 일을 겪게 될 것이다. 권리금이 없어서 초기 투자금은 적을지 모르겠지만, 그 어마어마한 월세를 어떻게 감당하려는 것인지 등골이 오싹하다.

2013~14년, 2,000~5,000원짜리 닭강정을 팔던 창업자들이 그렇게 망했고,

2014~15년, 1,500원짜리 저가 주스, 저가 커피를 팔던 창업자들이 그렇게 망했으며,

2015~16년, 3,000원짜리 대왕 카스텔라를 팔던 창업자들이 그렇게 망했고,

2017년, 1,000원짜리 핫도그를 팔던 창업자들이 그렇게 망해갔다.

또, 2017년에는 갓 구운 식빵을 파는 식빵집들도 우후죽순 생겼다. 그 뒤 소자본으로 안 좋은 자리에 매장을 열어 창업한 식빵집 사장들이 망해갔다. 이후에도 그런 박리다매형 아이템들이 계속해서 생겨났다. 그리고 수많은 업체가 다시 카피 브랜드를 내세워 이제 막 달려드는 소자본 창업자들에게 헛된 희망을 심어주며, 소자본으로 성공할 수 있다고 박리다매 아이템들을 소개한다.

이런 모습, 이젠 그만 좀 봤으면 좋겠다. 적어도 박리다매로 성공하려면, 몇 가지 조건을 충족해야 하니 명심하기를 바란다. 그 성공 조건을 다시 정리하겠다.

먼저, 내가 근무했던 놀이동산처럼 사람들이 먼 곳에서도 찾아와 모이는 상권에 들어가야 한다. 그런 곳은 아마도 권리금뿐만 아니라 월세나 수수료도 매우 높다. 롯데○○ 다른 매장 수수료는 18%였는데, 놀이기구 바이킹 앞 매대 수수료는 25%였다.

그리고 누구나 한 번쯤 들어가 보고 싶은 마음이 들 만큼 매장이 예뻐야 한다. 사진으로 남기고 싶은 생각이 들 만한 매장이어야 한다. 그만큼 외부 디자인이나 장식이 중요하다. 비싼 수수료나 월세를 부담하더라도 판매 단가는 싸야 한다. 또, 가능하면 경쟁자가 별로 없거나 업종 중복 자체가 안 되는 상권에서 매장을 열어야 한다. 자체적으로 중복 업종 개설 불허가 규정이 있는 상가 자리를 구하면 더욱더 좋다.

결과적으로, 박리다매는 성공하기가 매우 힘들다. 앞서 이 야기한 아이템으로 성공하려면 적어도 3~5억 원 정도는 투자할 생각을 해야 한다. 그리고 좋은 상권^{백화점, 쇼핑몰 등}에 들어가야 하고 거기에 걸맞은 수수료나 로열티를 지불해야 하니 오히려 창업 비용이 꽤 많이 든다. 하지만 그래야 안정적으로 운영할 수 있고 대박은 아니라도 꾸준히 수익을 가져갈 수 있다.

새로운 박리다매형 아이템이 생겨나고 손님들이 줄을 길게 선 매장들을 본다. 예전 생각이 떠오른다. 그 안에서 1,000원짜리를 파는 사람들의 치열한 모습을 본다. 3,000원짜리 하나라도 팔기 위해 미친 듯이 무언가를 튀기는 모습을, 정말 힘들게 돈 버는 모습을….

나는 그래도 이미 완성된 상품을 팔았는데, 직접 만들기까지 해서 그 가격에 그렇게 힘들게 팔아야 한다니, 생각하기도 싫다. 사장은 성공한 장래를 떠올리며 열심히 일할 테지만, 성공은 열심히만 한다고 되는 게 아니다.

창플지기의 컨설팅

매년 망하는 자영업자의 대표적인 사례가 바로 이 박리다매형 창업에서 나옵니다.

박리다매형 창업의 대명사가 바로 백종원 대표의 프랜차이즈 브랜드죠. 백종원 대표가 운영하는 프랜차이즈 아이템은 모두 전문점이고, 적은 메뉴로 많이 팔아서 남기는 구조입니다. 가성비 높은 메뉴라 서민들이 부담 없이 먹을 수 있는 음식을 파는 브랜드라고 볼 수 있습니다.

그런데 서민이 먹을 수 있는 음식이라고 서민이 창업할 수 있다고 생각하는 초보 창업자들이 문제입니다. 서민의 음식이라고 가성비 있게 부담 없는 가격으로 팔면서 박리다매로 수익을 내려면, 정말 많이 팔 수 있는 곳에 자리 잡아야 합니다. 권리금과 임대료가 높은 곳 말입니다.

예를 들어, 4,000원짜리 짬뽕 외식업은 5,000만 원밖에 없는 내가 덤빌 수 있는 업종이 아닙니다. 4,000원짜리로 수익을 보려면 보증금 5억 원 이상인 자리에 들어가야 수익을 낼 수 있습니다.

문제는 한 아이템이 유행하면 카피 브랜드들이 우후죽순 생기고, 결국엔 들어가지 말아야 할 곳에 들어간 초보 창업자들 먼저 망하게 되는 것입니다. 초보 창업자라면, 같은 50만 원을 벌어도 5,000원짜리로 100개를 파는 전략이 아니라, 50,000원짜리를 10개 팔도록 전략을 짜야 한다는 것을 명심하세요.

내가 사는 동네 옆 동네에 있는 왕서방 부대찌개는 장사가 참 잘된다. 그냥 대로변도 아니고 상가들이 적당히 모인 골목 안쪽에 있는데도 말이다. 운영한 지 적어도 10년 이상인 가게이다. 일단 가격도 8,000원으로 적당한데, 유명 프랜차이즈보다 맛있는 것은 물론이고 그 속에 들어가는 소시지나 햄, 채소 같은 재료들도 푸짐하고 신선하다. 그래서 평일, 주말 할 것 없이 사람들로 가득하다.

나도 그곳에서 한 번 먹을라치면 혹시라도 줄을 설까 봐 점심시간보다 조금 일찍 가든지 아니면 조금 늦게 간다. 그런데 가끔 한 번씩 갈 때마다 느끼는 게 있다. 그 집 옆에 있던 가게들은 자꾸 간판이 바뀐다는 것이다. 부대찌개와 비슷한 식사류인 통돼지 김치찌갯집도 망했고 합리적인 금액의 해장국집도 망했다. 최근에 들어온 닭갈빗집도 볼 때마다 사람이 별로 없다. 그 집도 곧 망할 듯하다. 심지어 그 세 집은 실내 장식도 왕서방 부대찌갯집보다 훨씬 예쁜데도 말이다.

이들 가게의 실패 원인은 한 줄로 이야기할 수 있다.

'상권 파악의 실패.'

솔직히 그 부대찌갯집이 없었다면, 망하는 가게들도 없었을지 모른다. 상권을 제대로 파악해야 하는데 그저 그 부대찌갯집이 잘되는 것만 보고 뛰어든 것이다. 창업 초짜들은 이렇게 다른 집이 장사가 잘되니 좋은 상권이라 생각해서 그 비슷한 위치에 가게를 연다.

그러나 사실 그 부대찌갯집이 잘되는 건 그 동네 사람들 때문이 아니었다. 뭐 그 동네 사람들이 부대찌개 마니아만 있겠는가? 아무리 맛있어도 그렇게 맨날 부대찌개를 줄 서서 먹을 순 없다. 나도 그 동네 사람이 아니고 옆 동네에 사는 사람인데 일부러 차 끌고 찾아간 것이다. 그 집 음식이 맛있어서 일부러 찾아갔다. 아주 유명한 곳은 아니지만, 우리 집에서 그렇게 멀지 않은 맛집이라고 해서 찾아간 것이다. 사람들과 점심으로 무엇을 먹을지 이야기 나눌 때 이왕 부대찌개 먹을 거면 맛있는 집 가서 먹자고 해서 가게 된 것이다.

그런데 그 부대찌갯집 옆에 갑자기 통돼지 김치찌갯집이 생겼다고 그리로 갈 리는 없다. 김치찌갯집 사장은 우리 집 김치찌개도 맛있고, 그 동네 부대찌갯집이 잘되니까 일단 음식점을 열어서 성의껏 옆집보다 푸짐하게 요리해주면 기본 매출은 올리겠거니 했을 것이다. 그러나 그 부대찌갯집처럼 잘되려면 일단 그 동네 작은 수요를 만족시키는 게 먼저다. 점점 동네에서 자리를 잡은 후 옆 동네까지 소문이 나고 그렇게 차근차근 더 먼 곳에서도 찾아오는 맛집으로 만들어가는 시간을 가져야 한다.

동네 골목 상권을 볼 때는 먼저 걸어서 올 수 있는 배후세대가 얼마인지 고려해야 한다. 사무실이 몰린 곳이든 아파트나 가정집이 몰린 주택가든 걸어서 올 수 있는 사람이 얼마나 될지 파악해야 한다. 그 사람들은 새로 가게를 열면 바로 찾아올 수도 있다. 왜냐하면, 새로운 음식점이 근처에 생기면 한번 가보는 게 기본적인 사람 심리이기 때문이다. 매일 부대찌개만 먹을 순 없지 않은가.

그 부대찌갯집이 있는 동네는 사실 배후세대가 많지 않았다. 아파트도 아닌 오래된 다세대주택과 빌라들만 있어서 상권 응집력도 떨어졌고, 게다가 상주인구보다 밥집도 많은 편이었다. 굳이 표현하자면, 1,500세대가 오밀조밀 사는, 그야말로 동네 골목 상권이다. 일단은 초창기 1,500세대 정도를 대상으로 장사를 기획하고 준비해야 하는데 요리 실력에 자신 있고 그 옆집 장사가 엄청나게 잘되니 기본 매출은 나오겠거니 하며, 안이하게 생각한 것이다.

내가 그 왕서방 부대찌갯집에 식사하러 간 날 대략 10분 정도 차를 타고 갔다. 그 부대찌갯집은 실질적으로 내가 지나온 거리에 있는 5만 세대를 상대로 장사하는 것이었다. 같은 지역, 같은 평수, 같은 입지인데 맛집인 왕서방 부대찌갯집은 5만 세대를 상대로 영업하고, 통돼지 김치찌갯집은 1,500세대를 상대로 영업해야 한다.

이것은 맛집의 특징이다. 맛집은 일단 배후세대가 약하고 골목인 데다가 상권이 별로인 곳에 있어도 장사가 잘된다. 게다가 큰 평수가 아니어도 되니 더더욱 임대료나 권리금 부담이 적다. 매장 크기가 작으니 사람을 많이 안 써도 돼서 고정비가 적게 들어 손님에게 8,000원이라는 금액으로도 다른 곳보다 더 푸짐하게 음식을 줄 수 있다.

상권이 좋지 않다 보니 초반에는 고전할 수 있지만, 음식 맛이 좋으면 한 번 왔던 손님이 재방문하는 빈도가 높다. 음식 맛이나 서비스가 입소문 나면서 1~2년 지나면, 어느 정도 안정기에 접어든다. 그리고 5년 이상 버티면 그 집은 그 지역 맛집으로 자리 잡는다.

앞서 말한 부대찌갯집도 몇 년에 걸쳐 노력해서 줄 서서 먹는 집이 된 것이다. 대충 비슷한 찌개니까 덩달아 잘될 것으로 생각하고 가게를 열면, 잘될 리가 없다. 그 부대찌갯집 핑계로 건물주는 임대료를 더 받아먹으려고 할 것이고, 그 핑계로 그전 임차인도 권리금을 더 요구할 것이다. 이래저래 새로 들어온 사람은 더 악조건 속에서 장사해야만 한다. 그러다가 지쳐서 사업이 망한다.

동네 골목 상권을 파악할 때 반드시 이 점 참고하기를 바란다.

맛집의 특징

· 배후세대가 적은 곳에 위치한 경우가 많다.
· 수요 대비 매장 크기가 작은 곳이 많다.
· 매장 크기가 작고 사람을 많이 안 써도 되니 고정비가 적게 들어 저렴한 가격에 판매하는 곳이 많다.
· 고정비가 적으니 가성비 좋게 제공해도 푸짐하고 보기 좋게 음식을 제공한다.
· 수년간 버틴 후 음식과 서비스로 인정받았다.

창플지기의 컨설팅

맛집 옆집에 들어가는 것은 참 어려운 일입니다. 맛집이 고객의 사랑을 받는 이유는 여러 가지가 있습니다. 특히 우리가 흔히 얘기하는 가성비는 기본적으로 충족시킨 집들이 맛집이죠. 맛집들을 가보면 대개 허름하고, 주인장이 직접 요리합니다. 주차나 설비도 불편하고 사람들이 많이 모이는 곳보다는 사람들이 잘 안 모이는 골목 주택가에 위치한 경우가 많습니다. 그래야 가성비와 가심비를 충족시키는 음식을 대접할 수가 있습니다.

음식 가격은 일단 맛을 떠나서 원재료 비용과 임대료, 인건비, 이 세 개를 고려한 후 산출합니다. 12,000원인 갈비탕으로 예를 들겠습니다. 보통은 3,000원의 음식 원가에 3,000원의 임대료, 3,000원의 인건비를 제하고 3,000원의 수익을 가져간다고 했을 때, 맛집은 똑같은 12,000원에서 3,000원이 아니라 그 두 배인 6,000원의 음식 원가에 1,000원의 임대료, 1,000원의 인건비를 써서 4,000원의 수익을 가져갑니다.

사장이 직접 두 명, 세 명 몫을 감당하며 인건비를 아끼는 것은 물론이고, 작은 평수에 주차도 어려운 골목길 허름한 곳에 매장을 열어 임대료를 아낀 만큼 다른 집 원가 두 배로 좋은 재료를 써서 사람들이 감동하고 찾아오게 만드는 집입니다. 그리고 그렇게 자리 잡기 위해 오랫동안 버틴 집이죠.

최소한 맛집 옆에서 장사하려면, 그 맛집이 언제부터 맛집이 되었는가부터 확인하고 들어가야 합니다. 처음 매장 오픈

때부터 맛집은 아니었을 것입니다. 오픈 후 몇 년 지나서 맛집이 되었는가를 확인한 후 최소한 그 몇 년은 고생해야 한다는 것을 각오하고 매장을 열기 바랍니다.

가심비價心比: 가심비란, '가격 대비 심리적 만족 비율'의 줄임말이다. 성능보다는 심리적인 만족감에 중점을 두어 소비하는 것을 말한다. 현대의 소비자는 자신이 만족하면 가격이나 성능은 그다지 중요하지 않게 생각하는 경향도 있음을 알고 가게를 경영해야 한다.

내일,
가게 문
닫겠습니다

초보 자영업자의
현실

Menu 03

　자영업을 왜 하느냐고 물어보는 사람이 많은데, 먹고살려고 어쩔 수 없이 하는 경우가 많다. 지금 이야기할 사장도 진짜 어쩔 수 없이 자영업을 선택한 것뿐이다.

　직장에 더 오래 다니려고 했지만, 결국 퇴사하고 말았다. 재취업을 해보려고 노력해봤지만, 그것마저 여의치 않았다. 결국, 어쩔 수 없이 자영업자의 길을 걷게 되었다. 500만 명이 싸우는 피 터지는 경쟁의 현장으로 스스로 걸어 들어간 것이다.

　조금 모아놓은 돈은 생활비에 쓴다고 이래저래 다 없어졌고, 1년 동안 허망하게 보내고 나니 통장에 남은 돈은 대략 2,000만 원 남짓이었다. 매달 생활비로 깨지는 돈이 수명을 갉아먹는 듯하고, 심적인 압박은 점점 더 심해졌다. 현재 가진 돈으로 프랜차이즈 창업은 턱도 없으니 개인 창업을 알아봤다. 창업 관련 커뮤니티를 찾아다니거나 장사 고수들의 이야기를 들으며, 나름 비법을 전수받느라 또 몇백만 원 까먹었다. 유행 안 타고 오래가는 아이템을 선정하려고 고민하다가 돈가스집을 창업하기로 결심했다. 돈가스. 직장인들의 무난한 메뉴, 아이들도 좋아하는 메뉴, 여자들이 좋아하는 메뉴, 별로 밑반찬 많이 할 필요도 없어서 손이 그렇게 많이 안 가는 메뉴.

사무실 70%, 주거지 30% 상권이라는 기본 원칙을 정해놓고, 서울의 외곽 사무실 단지에 15평짜리 매장을 구했다. 가장 싼 매장이 보증금 3,000만 원에 월세 200만 원, 바닥 권리금 2,000만 원이었다.

소상공인을 대상으로 한 대출을 알아보았지만, 사업자등록증이 없으면 받지 못한다고 하니 일단 가지고 있는 빌라 한 채로 담보 대출을 알아보았다. 집 담보로 먼저 대출받고 나중에 사업자 대출로 상쇄할 생각이었다. 5,000만 원 대출이 가능하다고 하여 우선 받기로 했다. 연 4%대로, 나름 싼 이율이었다.

총 7,000만 원이 생겼지만, 보증금, 권리금, 부동산 중개료, 생활비, 이것저것 내고 나니 1,000만 원밖에 남지 않았다. 이것으로 시설비를 충당하기에는 턱도 없었다. 나름 직장생활 하면서 신용이 좋았기 때문에 대출하는 데 무난할 듯하여 추가로 신용 대출을 신청했다. 신용이 무척 좋았지만, 2,000만 원 정도 받으려고 하니 이율이 6%대까지 올라갔다. 어쩔 수 없이 추가로 2,000만 원을 대출받아 공사를 시작했다.

나름 발품을 판다고 팔았는데도 15평 매장 인테리어 공사를 하는 데만 업자와 2,500만 원에 계약해야 했다. 다시 수중에는 한 푼도 남지 않게 되었다. 그런데 중요한 건 인테리어 공사만 2,500만 원이고 나머진 다 별도라는 것이다. 간판과 사인물, 냉장고나 싱크대 같은 주방 기자재, 의자와 탁자, 접시나 숟가락과 젓가락 같은 기물들, 냉난방기 철거비와 설치비, 전기 승압비에 부가세까지 계산하니 다 합해서 총 7,000만 원이 들어갔다.

이미 담보 대출 5,000만 원, 신용 대출 2,000만 원을 받았지만, 4,500만 원 정도가 부족했다. 일단 대출받을 곳은 다 받아서 더는 받을 수 없었다. 어쩔 수 없이 소상공인 대출받으면 갚는다는 전제로 와이프에게 부탁해 처가에서 3,000만 원을 융통했다. 그 돈으로도 부족해서 냉난방기나 주방 기자재들을 카드 할부로 결제했다. 그리고 일단 사업자등록부터 신청했다.

우여곡절 끝에 가게를 오픈하여 소상공인 대출을 신청했다. 사업자로 3,000만 원 대출받아 수수료와 이자 100만 원을 뗀 2,900만 원을 수령했는데, 할부로 깔았던 기자재 구매비에다가 식자재비 등 초도 물품비로 쓰고, 밀린 월세에다가 석 달간 적자 내면서 구멍 낸 생활비까지 충당하니 그 돈은 언제 받았는지도 모르게 순식간에 사라졌다.

게다가 이대로는 안 될 것 같아서 집 담보로 제2금융권 대출까지 알아봤다. 3,000만 원을 추가로 대출받고 일단 처가에 빚진 1,000만 원을 갚았다.

먹고살아야 하니까 남은 돈은 쓰지 않고 일단 버텨봤다. 그러나 직원 다 내보내고 혼자 온종일 죽어라 튀기고 팔아도 하루 매출은 20만 원 정도일 뿐이었다. 한 달 매출 600만 원에서 월세 200만 원까지 주고 나니 남는 게 하나도 없었다.

그럼, 돈가스집 창업하려고 이 사장이 빌린 돈과 한 달 이자를 정리해보겠다.

사례의 돈가스집 창업 시 대출금과 한 달 이자

집 담보 대출
5,000만 원(제1금융권) – 연 4%, 월 20만 원
3,000만 원(제2금융권) – 연 9%, 월 22만 원

신용 대출
2,000만 원(제1금융권) – 연 6%, 월 10만 원

사업자 대출
3,000만 원(제1금융권) – 연 6%, 월 15만 원

카드론
500만 원 – 연 24%, 월 10만 원

매달 카드값 부족분 해결 비용
300만 원 – 연 20%, 월 5만 원

처가에서 빌린 돈
2,000만 원

※ 표기한 것은 대략적인 금액임

원금 제외해도 한 달 이자만 80만 원 이상이다. 순식간에 1억 5,000만 원 이상의 빚을 졌고, 현재로서는 갚을 방법이 없다.

"1년도 안 됐는데, 이쯤에서 그만두고 싶습니다. 하지만 그 누구도 내 가게를 인수할 사람은 없습니다. 몸과 마음은 피폐

해졌고, 그냥 다 놓아버리고 싶은 마음이 굴뚝같습니다."

이 사장이 나에게 한 마지막 말이다.

1997년에는 대기업이 부도가 나서 은행에 돈을 못 갚아 파산하여 IMF 위기가 터졌지만, 지금은 암울한 수백만 명의 자영업자가 부도가 나 은행에 돈을 못 갚고 파산하면서 제2의 IMF 위기가 닥칠지도 모르겠다.

5백만 명의 자영업자, 그리고 가족이라는 이유로 그 자영업을 도우며 최저 임금도 받지 못하고 일하는 사람들, 돈 빌려주고 이자도 받지 못하는 가족들까지 합하면, 그 피해자는 우리나라 인구 절반에 육박할지도 모른다.

그런데 더 큰 문제는 질병 사태 이후에 더 많은 자영업자가 쏟아져 나올 것이라는 사실이다.

사례의 사장님이 바보 같게도 엄청 무모하게 창업을 진행해서 빚을 졌다고 생각할지 모르지만, 대한민국 자영업자라면 누구나, 특히 프랜차이즈로 창업하는 대부분이 저런 과정을 거치면서 크든 작든 대출을 받게 됩니다.

프랜차이즈가 나쁘다는 게 아닙니다. 창업하기로 마음먹고 가게를 오픈하기까지 과정마다 상세한 내용을 모르고 시작하게 되면 그냥 수렁에 빠져 헤어나올 수가 없게 된다는 이야기입니다.

항상 생각지도 못한 변수가 너무 많이 튀어나옵니다.

공사 전에는 갑자기 전압이 모자라서 승압한다고 100만 원 나가고 가스가 안 들어왔다고 100만 원, 전기배전반 옮긴다고 50만 원, 바닥이 고르지 않다고 200~300만 원, 천장이 더럽다고 200~300만 원이 추가되고는 합니다.

공사가 끝난 후에는 주방에 냉장고가 안 들어가 벽을 부숴야 해서 다시 인테리어 공사를 하게 되고, 덕트 올린다고 수백만 원, 에어컨 실외기 놓는 곳이 멀다고 또 수백만 원 추가 비용이 발생합니다.

매 공정, 매 순간, 선택의 기로에 서게 되며, 아무것도 모르는 초보 창업자들은 어느 순간 피폐해집니다. 도중에 멈출 수도 없습니다. 어쨌든 점포 계약도, 공사 계약도 이미 했으니 말입니다. 이미 돈이 다 들어갔는데 중단할 수는 없지 않습니까? 그래도 양심 있는 사람들을 만나면 다행인데, 악덕 업자를 만나게 되면, 그땐 최악의 상황이 벌어집니다. 빚은 빚대로 지고 장사 의욕까지 다 없어지게 되죠.

  누구든 잘 모르고 시작하면 언제든지 이런 상황에 직면할 수 있습니다. 반드시 사전에 철저히 체크하고 준비하여 창업을 시작하길 바랍니다.

15평 가게, 세부 지출 내역

대부분은 창업한다고 하면, 막연히 물건 판 금액 중 월세 내고 임금 준 후 남은 돈이 어느 정도 나에게 떨어진다고 순수익을 계산한다. 그런데 그렇게 세부 내용을 제대로 체크하지 않아서 이후에 닥친, 생각지도 못한 지출에 두들겨 맞아 당황하는 사장들을 종종 본다.

예전에 내 와이프도 키즈카페를 운영한 적이 있다. 입장료 수익이 대부분인 키즈카페에서 매출은 있는데 매입이 너무 없다 보니 부가세 폭탄을 맞기도 했다. 부가세라는 것은 매출에서 매입을 빼고 남은 이익에서 10%를 세금으로 내는 것인데, 시설을 제공하여 발생하는 입장권 수익이 대부분이다 보니까 매입이 없어 엄청 높은 부가세가 부과된 것이다. 와이프 입장에서는 실컷 많이 벌었다고 생각했는데 갑자기 1,000만 원에 육박하는 세금 폭탄을 얻어맞으니 정신을 못 차리고 허탈해했던 기억이 난다.

그 외에도 생각지도 못한 지출이 발생하는 경우가 많다. 갑자기 아르바이트생이 그만둔다고 하여 퇴직금을 줘야 하거나 근무 시간 초과로 주휴 수당을 줘야 할 일이 생기고, 매출이 좀 높아졌다고 세무 기장 정리 비용을 더 요구하는 경

우도 생긴다. 예를 더 들자면, 한 달에 한 번 오는 세스코에
도 돈 10만 원이 들어간다는 걸 깜빡하고 있다가 나중에 비
용을 계산하며 한숨을 쉬기도 한다. 지출 내역을 꼼꼼히 관
리하지 않아서 발생하는 일이다.

　매출 대비 순수익은 세부 내용까지 다 계산해야 나오는 것
이다. 매장 컨디션에 따라 비용이 추가로 들어가는 곳이 있
고 그렇지 않은 곳도 있는 등 매장마다 차이가 있으니 자신
의 매장에 맞춰 잘 살펴봐야 한다.

　자세한 지출 내용은 내가 운영했던 가게로, 예를 들어 설
명해보도록 하겠다. 보다 보면 뭐가 이렇게 큰 비용이 드냐
고 생각 들 것이다.

　서울의 모 지역 15평짜리 매장에서 장사하면서 대략 한 달
에 3,500만 원에서 4,000만 원의 매출을 올렸다. 매장 월세
는 300만 원이었는데, 서울의 신축 건물치고 비싼 금액은 아
니다. 300만 원 외의 월세에 포함하여 나가는 관리비와 그
외의 고정비를 다음 표에서 구체적으로 설명하겠다.

사례의 서울 15평 매장 고정비

 매장 월세
330만 원

정수기 사용료
33,000원

 POS 사용료
33,000원

세무 회계 비용
100,000원

 매장 화재보험,
음식물 배상 책임보험
50,000원

 세스코 이용료
88,000원

 배달 앱 수수료
88,000원

깃발* 하나에서 네 개까지 추가하여
이후에는 350,000원까지 상승

 일반 관리비
340,000원

* 여기에서 깃발은 배달의 ○족이라는 배달 앱의 시스템과 관련한 것을 말한다. 앱에서 자신의 매장 위치를 거짓으로 등록해(깃발을 꽂아) 더 넓은 곳의 손님을 받을 수 있지만, 그만큼 수수료 비용은 상승한다.

여기에서 하나 알아둬야 할 것은 일반 관리비이다. 보통 아파트에 거주할 때 공용 부분을 사용하지 않아도 관리비를 내야 하듯이 복합 상가도 마찬가지다. 화장실, 엘리베이터 깨끗하고 경비원이 있어서 좋다고 생각하지만, 다 관리비에 추가로 내야 하는 것이다.

내용에 따라 모두 더하면, 한 달에 총 약 450만 원 정도의 고정비가 발생한다. 처음에 월세 300만 원이라고 했을 때는 높지 않아 보였으나 고정비로 150만 원 정도 더 추가된 금액을 보면 느낌이 완전 다를 것이다.

그다음은 인건비를 설명하겠다.

업종마다 다르지만, 내가 매장을 꾸릴 때는 직원 3명에 아르바이트생 4명을 주말이나 시간대별로 다르게 썼다. 각각의 월급은 점장급 280만 원, 주방 직원 250만 원, 일반 직원 220만 원이었다. 이렇게만 해도 750만 원인데, 아르바이트생들 급여 350만 원까지 더해서 1,100만 원을 지출했다. 이것도 최저 임금 오르기 전 얘기고 오른 후에는 약 1,200만 원 정도 인건비로 나갔다. 그나마 매일은 아니지만, 하루에 6~7시간 정도 와이프가 함께 일했을 경우가 이 정도이다. 물론 주인이 풀타임으로 일하고 숙련된 인력이 함께한다면, 600~700만 원만 쓰고도 운영할 수 있다.

여기에 월급 말고도 직원들 4대 보험료가 12% 정도 더해서 나간다. 그리고 파출 사용하는 비용이 있는데, 아르바이트생이 빠져서 인력이 모자라면 설거지만 하는 파출을 불러야 한다. 그 비용은 10만 원이다. 특히 최저 임금 오른 후 새롭게 사람을 못 구해서 몇 달 파출을 불렀을 때는 한 달에 300만 원 정도를 쓴 적도 있다.

물론 월급을 올려서 뽑으면 되지만, 이제 들어오는 직원을 월급 올려서 뽑으면 기존 직원들도 모두 올려줘야 하기에 쉬운 일이 아니다. 전 직원 월급을 올리게 되면, 정말 난감한 일이 벌어질 수 있다.

거기다가 일정 시간 이상 근무하면 줘야 하는 주휴 수당에, 퇴직금도 1년 지나면 줘야 해서 미리 비축해둬야 한다. 소소하게 줘야 하는 인센티브까지 계산해야 하고, 더해서 직원 밥값과 회식비도 잊어서는 안 된다. 아무리 식당이라고 해도 맨날 매장 메뉴만 먹으라고 할 수는 없다. 다른 것도 시켜 먹게 하고 간식도 좀 챙겨놔야 한다. 회식비로도 한 달에 한 번, 약 20만 원은 쓰게 된다.

배달 직원 안 쓰는 대가로 내는 거니까 배달 대행 수수료도 인건비로 넣어야 한다. 매출 대비 배달 매출이 높으면, 이 배달 대행 수수료 때문에 뒤로 계속 까지는 경우도 있다. 이 것도 처음에는 200만 원씩 주다가 300만 원까지 올라갔다.

서울 15평 매장의 고정 인건비와 추가 인력 운영 비용

정직원 급여 **총 750만 원**
아르바이트 급여 **총 350만 원**
직원 4대 보험 비용 **총 144만 원** (급여의 12% 정도)
파출 아줌마 급여 **약 300만 원** (하루 10만 원씩)
퇴직금 비축 비용 (직원당 10%)
직원 식대 및 회식 비용 **약 100만 원**
주휴 수당

※ 직원 인센티브도 개별로 추가해야 함

그다음은 공과금 등 그 외의 추가로 들어가는 비용에 관해
정리하겠다.

서울 15평 매장의 공과금 등
그 외의 각종 비용 총 내역

전기세 **30만 원**   인터넷 사용료 **3만 원**

전화세 **2만 원**   가스비 **40만 원**

수도세 **15만 원**   주민세, 지방소득세 **2만 원**

광고비 **10만 원**(전단 및 스티커, 최소로 했을 때)

한국 외식업 중앙회 회비 **2만 원**

부가세* **100만 원**(매출의 10%)

대출 이자금 **제1금융권 5,000만 원 대출 시 25만 원**

카드 수수료 **100만 원**

* 부가세는 매입 세금계산서로 감액되지만, 종합소득세까지
  생각하여 책정해야 함

그리고 기타 소모품비도 더해야 한다. 주방용품·휴지·물
티슈 등 구매 비용, 기자재냉장고, 냉동고, 세척기 등 수리 비용,
그 외에 시간이 지나면 바꿔줘야 하는 모든 소모품 비용을
말한다. 사람을 불러 교체나 수리해야 할 경우 그 인건비도
무시 못 한다.

몇 가지 잊을 뻔한 것이 있다. 출퇴근하는 데 드는 비용과

필요한 물건 사러 왔다 갔다 하는 경비, 손님들에게 주는 서비스 비용과 로스 비용, 그리고 기껏 가르쳐놨더니 그만둬버려서 직원 고용해 다시 교육하면서 발생하는 비용까지 계산해야 한다. 그러다가 실수로 인원 중복되어 생각지도 못한 비용이 발생하기도 하니…. 휴, 한숨이 나온다.

정말 나가는 비용이 많고, 신경 쓸 것도 한두 가지가 아니다. 그러니까 이제 좀 버는구나, 해도 진짜 비용 관리 제대로 못 하면 앞으로 벌고 뒤로 까진다. 이렇게까지 쥐어짜야 하나, 생각도 들고 스트레스에 짜증을 다 참아내며 이렇게까지 해서 내가 얻는 게 이 정도로 충분하긴 한 건가, 하는 생각으로 시간을 보내는 게 장사라는 일이다.

장사, 쉬운 게 아니다. 다 알아보고 자신 없으면, 시작도 해서는 안 된다. 최소한 이 정도 비용이 든다는 걸 알아야 하며, 조그만 가게 운영한다고 우습게 보지 말아야 한다. 15평 조그만 가게도 이 정도 비용이 나간다는 사실을 이번 글을 통해서 알았으면 한다.

창플지기의 컨설팅

요식업 매장 운영 시 발생하는 비용 총정리

고정비

월세	임대료
세무사 비용	매장 화재, 음식물 배상 책임보험
세스코 비용	POS 이용료
일반 관리비	배달 애플리케이션 수수료

※ 복합 상가는 전기, 수도를 사용하지 않아도 공용 공간으로
　　나오는 관리비를 내야 함

고정 인건비와 그 외의 인력 운영 비용

직원 급여	아르바이트 급여
직원 4대 보험 비용 급여의 12% 정도	
직원 식대 비용	
직원 인센티브 비용	
파출 아줌마 비용 하루 10만 원씩	
퇴직금 비축 비용 급여의 10%씩	
주휴 수당	회식 비용
배달 대행 수수료	

공과금 등 각종 운영비

전기세   인터넷 사용료

전화세   가스비

수도세   주민세, 지방소득세

광고비

외식업 중앙회 회비   대출 이자금

카드 수수료   부가세

※ 부가세는 매출의 10%를 떼어놓으면 됨. 매입 세금계산서로
부가세가 감액되지만, 종합소득세까지 생각하여 책정

기타 소모품 사용료

주방용품, 휴지, 물티슈, 유니폼, 명찰, 모자 등 구배 비용

기자재 수리 비용

기자재 외의 수리 비용

시간이 지나면서 교체해야 하는 모든 소모품 비용

이제 간신히 먹고사는 치킨집 부부

성실하게 직장생활을 했지만 어쩌다 보니 퇴직하게 되었다. 그래도 일찍 결혼해 애들은 다 키워놔서 첫째는 군대 보냈고 둘째만 대학 보내면 되는 상황이라 다른 친구들보다는 낫다고 생각하며 살았다.

재취업하려고 노력했고 연봉을 낮춰 도전했지만, 결국 경력직 재취업은 힘들었다. 육체노동 위주의 직장은 돈도 안되고 건강만 해치는 장래가 그려졌다. 와이프는 월급이 적더라도 어디든 취직하기를 바랐지만, 그래도 지난 20년간 쌓아온 것이 있는데 허접한 직장에서 체면을 구기는 건 가난과 와이프의 잔소리보다 더 견딜 수 없을 것만 같았다.

그래서 은근슬쩍 창업을 생각하게 되었다. 아직 나이도 창창하니 더 늦기 전에 도전해보자는 명분도 있었고 잘만 하면 직장생활 할 때보다 더 벌 수 있다는 희망도 있었다. 펄펄 뛸 와이프에게는 그런 단순 노동 일자리로는 둘째 등록금도 못 준다며, 열심히 한번 해보겠다는 진정성을 담아 이야기하면 설득이 가능할 거로 생각했다. 적어도 지난 20년 동안 딴짓 안 하고 열심히 살아온 증거가 있으니까.

역시나 와이프는 펄펄 뛰면서 난리를 쳤다. 당신 제정신이

냐고, 당신이 무슨 창업이냐고, 아무 경험도 없는 사람이 큰일 날 소리 한다고, 요즘 자영업자가 얼마나 많이 망하는지 아느냐고, 내 주변에 누구누구도 창업했다가 1년 만에 빚만 잔뜩 지고 장사 접었다고, 텔레비전도 안 보냐고, 고래고래 소리를 질렀다.

하지만 중요한 건 대안이 없다는 것이었다. 야금야금 통장에 있는 돈 까먹으면서 서서히 죽든지 창업이라도 해서 모든 걸 걸어보든지 둘 중 하나였다. 도전이라도 해보고 망하면 후회는 없지 않을까?

오랜 설득 끝에, 와이프는 자기를 절대 끌어들이지 말고 당신 혼자 하라고 이야기하며 허락 아닌 허락을 했다. 나 역시 와이프를 절대 끌어들이고 싶지 않았다. 퇴근하고 잠깐 얼굴만 봐도 티격태격하는데 온종일 같이 붙어있을 것을 생각하니, 생각만 해도 끔찍했다. 죽이 되든 밥이 되든 무조건 내가 알아서 하겠다고 다짐했다.

일단 이것저것 돈을 끌어모아 보니 5,000만 원 정도 수중에 있었다. 요리는 해본 적도, 빵을 구워본 적도, 특별한 기술을 가진 것도, 보유한 자격증도 없었다. 게다가 옛날에 대학 다니면서 잠깐 아르바이트한 것 말고는 장사 현장 경험이 없어서 직접 알아보고 창업해야겠다는 생각은 애당초 하지 않았다.

퇴근길에 항상 지나치던 프랜차이즈 빵집이 규모도 아담

하니 창업 아이템으로 적격이라고 생각했다. 태어나서 처음으로 창업 문의를 했는데, 상담을 받은 후 무언가 잘못되었다는 생각이 강하게 들었다. 그 15평 정도 되는 조그만 가게를 차리는 데 창업 비용이 1억 5,000만 원이라는 것이었다. 한술 더 떠서 내가 봤던 동네 그 조그만 빵집이 권리금만 1억 5,000만 원 주고 들어갔다는 것, 보증금도 따로 5,000만 원이 들어갔다는 것을 알았다. 단순 계산법으로 점포 얻는 비용만 2억 원에 초기 개설 비용 1억 5,000만 원, 합해서 3억 5,000만 원이 들어간 매장이라는 설명이었다.

**사례 중 15평 규모
프랜차이즈 빵집, 창업 비용**

초기 개설 비용 **1억 5,000만 원**

매장 보증금 **5,000만 원**
매장 권리금 **1억 5,000만 원**

총 창업 비용 = 3억 5,000만 원

준비한 창업 자금이 5,000만 원 정도라는 이야기는 입 밖에 꺼내보지도 못했다. '그 점주님, 권리금 1억 5,000만 원에 싸게 잘 들어갔다'라는 프랜차이즈 영업사원의 이야기에 말없이 고개를 끄덕이기만 하다가 나왔다.

한 번 충격을 받고 나니 그때부터는 아이템이 아니라 가지고 있는 자금으로 무엇을 할 수 있는지가 중요해졌다. 식당은 하지 말자고 다짐했었지만, 삼겹살 브랜드, 김치찌개 브랜드, 수입 소고기 브랜드, 순댓국 브랜드 등 정말 수많은 프랜차이즈 업체에 닥치는 대로 문의하고 상담을 받았다.

프랜차이즈 본사에서 추천해줘서 가본 매장들은 역시나 장사가 잘되었다. 중요한 건 역시 비용이었다. 좋은 자리는 5,000만 원에서 1억 원 정도 권리금을 줘야 했다. 매장에 놓을 테이블 수가 어느 정도 되려면 30평 정도는 돼야 해서 대충 잡아도 2억 원 정도는 들 것으로 예상했다. 대출을 껴도 1억 원이 최대한도인데, 가지고 있는 돈으로는 답이 나오질 않았다. 그리고 미친 듯이 바쁜 현장을 직접 보니 점점 창업하는 데 자신감이 하락했다.

닭강정, 스몰비어, 핫도그, 저가 주스, 대만 카스텔라 등 지난 몇 년간 매년 유행했던 박리다매형 아이템들이 속절없이 망해간 소식을 들어와서 그런 브랜드는 일단 배제하니 작은 매장에서 비교적 자리가 좋지 않아도 배달로 매출을 올릴 수 있는 치킨집과 피자집이 생각났다.

피자 프랜차이즈를 먼저 생각해봤다. 우선 메이저 브랜드는 창업비가 너무 비싸서 5,900원짜리 저가형 피자 브랜드를 알아봤다. 동네 시장에서 봤는데 부담 없는 가격이라 그런지 사람들이 곧잘 사가고 배달 주문도 꽤 많아 보였다. 하지만 단가가 너무 낮아 생각보다 매출이 높지 않았고 피자 도우를 손으로 직접 빚어야 하는데 엄청난 노동력이 필요하다는 것을 알게 되었다. 게다가 푹 썩은 조그만 동네 시장 매장인데도 권리금이 5,000만 원이나 붙어있다는 사실은 또 한 번 놀라게 했다.

그다음에 치킨집을 알아봤다. 우리나라 치킨집이 전 세계 맥도널드 매장 수보다 많다는 사실에 처음에는 전혀 고려조차 하지 않았지만, 본사에서 치킨과 소스, 무, 포장 용기까지 모든 것을 가져다주니 열심히 하면 승산이 있겠다는 생각이 들었다. 외진 곳에 있어 권리금 없는 저렴한 매장이라도 앞에 오토바이가 서너 대씩 서 있는 모습을 보니 매장은 많아도 '역시 치킨집이 사람들이 많이 찾는 아이템'이라는 생각에 한껏 고무되었다.

메이저 치킨 브랜드부터 두 마리 치킨 브랜드, 9,000원의 저가형 치킨 브랜드까지 다 알아봤다. 대형 프랜차이즈는 홍보나 마케팅에 도움이 되지만 로열티나 원재료 값이 더 많이 들어가 수익이 적다는 이야기에 가맹점이 80개 정도 되는 중소형 브랜드를 선택했다. 인테리어도 원가로 시공해준다고 하고 가맹비나 교육비, 로열티도 면제해준다고 했다. 갑질도 안 할 듯했고 다른 프랜차이즈보다 좀 더 나아 보였다. 먹어보니 맛도 나쁘지 않았고, 블로그 등 평가들을 보니 의외로 맛집으로도 많이 올라가 있었다.

직접 매장에 가서 보니 그럭저럭 장사가 잘되는 듯했다. 지난 3개월간 미친 듯이 창업에 관해 알아보았고 이제 창업을 반드시 해야만 하는 처지에서 한 줄기 빛과 같은 장면이었다.

'더도 말고 덜도 말고 저 정도만 됐으면 좋겠다.'

그렇게 꿈에 부풀었다.

그리고 가맹 계약을 맺었다. 배달형 매장으로 하니 10평 기준 초기 창업 자금이 3,500만 원 정도 들었다. 차후에 조기 환급은 되지만 부가세까지 들어가니, 실제 비용은 4,000만 원 초반대였다. 점포는 보증금 2,000만 원에 월세는 130만 원, 권리금은 없는 곳으로 정했다. 그래도 옆에 세탁소나 미용실도 있고, 이면 골목이었지만 주변 세대수가 많아서 열심히 홍보하고 맛있게 닭을 튀기면 단골들도 생길 거로 생각했다. 동네에 생각보다 치킨집이 많지 않다는 것도 내심 좋았다.

보증금이 좀 모자라 대출을 신청했다. 성실히 직장생활을 한 덕분에 신용 등급이 좋았지만 '직장 다닐 때 대출을 받았다면 조금 더 좋은 조건으로 받을 수 있을 텐데.' 하는 아쉬움이 있었다. 5% 정도 되는 이율로, 2,000만 원을 대출받았다. 초도 물류비로 300만 원 정도가 들어갔고 오토바이 등 이것저것 구매한 비용까지 모두 더하니 6,500만 원 정도 들었다. 500만 원은 혹시 모를 비상금으로 남겨뒀다.

주방 직원을 뽑고 배달 아르바이트도 구하며 우여곡절이 많았지만, 마침내 가게를 오픈하는 날이 다가왔다. 지난 세

월을 돈으로만 따질 수는 없지만, 이 가게는 지난 20년의 전부였다. 안되면 지난 20년이 송두리째 사라지는 것이었다. 게다가 빚까지 짊어지는 상황이라 절박했다.

오픈 전부터 미친 듯이 전단지를 돌렸다. '꼭 한번 갈게요'라는 동네 주민들의 말에 감동받았고 정말 잘해야겠다고 다짐하며 친절히 인사했다. 절박한 기운을 모두 담은 손으로 아르바이트생을 시키지 않고 직접 전단을 돌렸다. 다행히도 '오픈 빨'인지 많은 사람이 가게에 몰렸다. 정말 기쁜 순간이었다. '이러다 정말 대박 나는 거 아냐?' 그렇게 생각하며 신나게 닭을 튀겼다.

하지만 기쁨은 그리 오래가지 않았다. 주문이 밀리다 보니 컴플레인이 속출했다. 조그만 홀에서 생맥주를 주문한 손님에게 맥주를 따라주는데 그날따라 거품이 왜 이렇게 많이 생기는지…. 그리고 여기저기서 밀려드는 주문 전화와 너무 늦게 온다는 항의 전화에 정신을 차릴 수 없었다. 이러려고 전단을 열심히 뿌렸나, 자괴감까지 들었다.

사람이 부족한 것 같아서 일단 아르바이트생부터 더 뽑기로 했고, 컴플레인 고객에게는 더 많은 서비스를 해주면서 위기를 모면해갔다.

그러던 어느 날, 주방 직원이 힘들어서 못 하겠다고 그만둔다고 했다. 갓 들어온 아르바이트생은 주방 일을 하나도 모르는데 이렇게 바로 나가면 어떡하냐고 해도 죄송하다는 말과 함께 일한 급여를 바로 입금해달라고 했다. 정말 미칠 지경이었다. 아쉬운 대로 직접 주방 메인을 맡고 아르바이트생은 홀을 보도록 했다. 그런데 또 번갈아 가며 아르바이트생과 다른 주방 직원이 그만뒀다. 그런 상황이 계속되자 아르바이트생을 빨리 뽑으려고 월급을 더 올렸는데, 이번에는 배달 아르바이트생이 그만둔다며 안 나왔다. 장사가 아니라 사람이 나를 힘들게 했다.

안 그래도 속 썩이던 오토바이 배달 아르바이트생이었지만, 그마저도 없으니 한없이 아쉬웠다. 정말 그만두고 싶다는 생각마저 들었다. 그래도 잘해줬다고 생각했는데, 아무리 애들이라지만 책임감 없이 이럴 수 있나 싶었다. 너무나 괘씸해서 몇 마디하고, 이런 식이면 아르바이트 급여 다 못 준다고 하니 적반하장도 유분수, 노동부에 신고한다고 했다. 사람에 질려버렸다.

남는 것도 없이 두 달이 지났다. 석 달째가 되었으나 가망은 없어 보였다. 일할 사람은 안 뽑히고 '오픈 빨'이 떨어지니 손님 발길도 끊겼다. '어떻게 해야 하나'라는 생각에 장사를 시작한 걸 처음으로 진지하게 후회하게 되었다. 그사이 와이프 몰래 1,000만 원을 추가 대출받았는데, 이번 대출은 이율도 높았다.

하지만 포기할 수는 없었다. 그래서 죽기보다 싫은 부탁을 할 수밖에 없었다. 일 할 사람이 없어서 와이프에게 도와달라고 했다. 난리를 쳤지만, 사람 뽑힐 때까지만 일을 돕겠다는 조건으로 우여곡절 끝에 함께 일하기 시작했다.

오토바이 배달은 직접 했고, 와이프가 주방에 들어갔다. 그렇게 하니 일단 마음이 놓이고 든든하기까지 했다. 티격태격하는 일도 많았지만, 매장은 점점 안정을 찾아갔다.

새로운 고객들을 찾기 위해서 오후 3시부터 5시까지는 전단을 집집이 돌렸다. 와이프는 홀에 오는 손님들에게 자신만의 특제 소스를 곁들인 샐러드를 푸짐하게 서비스했다. 그렇게 하니 처음 주문하는 새로운 고객도 꾸준히 늘었고 동네 아줌마들 사이에서 '치킨 시키면 샐러드를 많이 주는 집'이라고 소문이 났다. 테이블 여섯 개밖에 안 되는 조그만 가게이지만, 찾아주는 홀 손님도 꾸준하게 생겼다.

전에 힘들었던 생각을 하니 다시 찾아주고 꾸준히 찾아주는 손님이 조금씩 늘어가는 지금에 감사했고, 카드로 생활비를 당겨쓰지 않는 상황에 희망이 생겼다.

지난 8개월간 우리 가게가 도달한 수익을 계산해보았다. 하루 평균 치킨 25~30마리 정도 판매해서 매출은 대략 50만 원이었다. 성수기에는 조금 더 나오지만, 평균 한 달 매출은 1,500만 원 정도였다.

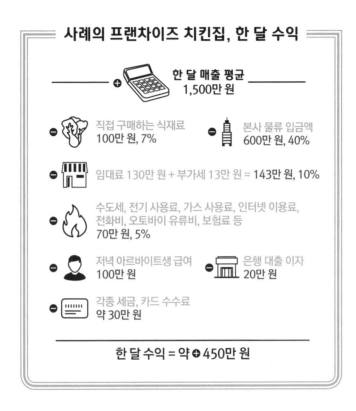

한 달 수익은 대략 480만 원 정도였으나 여기서 부가세나 소득세, 카드 수수료 같은 것을 빼면 실제 수익은 450만 원 정도로 생각하면 현실적이다. 달마다 조금씩 다르지만, 대략 수중에 350~500만 원을 쥘 수 있게 되었다. 하루도 안 빼먹고 일을 하니 따로 돈 쓸 일도 없었고, 조금씩 통장에 돈이 쌓이는 것을 보게 되었다.

하루에 20마리 이상 혼자 배달하기는 힘들고 사람을 고용해서 오토바이 두 대를 쓰기도 부담스러웠는데, 요즘은 배달 앱이 발달하고 배달 대행 서비스가 생겨서 바쁠 때도 따로 사람 안 써도 된다. 덕분에 점점 배달 매출도 오르고 있다.

둘째 등록금 걱정도 덜었을 뿐만 아니라 용돈도 줄 수 있게 되었고, 내년에는 짧게라도 가게 문 닫고 여행이라도 함께 다녀오자는 와이프의 말에 소소한 행복감도 느꼈다.

손님이 없어서 와이프 먼저 집에 일찍 들어가라고 했다. 가게 청소 후 문 닫고 손님이 남긴 치킨에 어묵탕을 데워 혼자 소주 한잔하다 보니 나도 모르게 눈물이 났다. 하루하루 치열하고 고단하게 살아왔다. 몸은 힘들지만, 그래도 이젠 가족들 안 굶기고 '밥은 먹고 사는구나.' 하는 생각에 비로소 안도의 눈물이 흐른 것이다.

　우리 주변에 정말 많은 대한민국 자영업자 가장의 모습입니다. 열심히 살아왔지만, 결국 회사에서 밀려나 퇴직하고 어쩔 수 없이 자영업을 시작하여 죽느냐 사느냐 기로에서 몇 번이고 후회와 좌절을 거듭하다가, 가까스로 살아남았음에 위안 삼아 소주 한잔하고 홀로 눈물 흘리는 우리의 가장입니다.

　창업이라는 게 좋아서 시작하는 사람이 얼마나 되겠느냐마는, 결국 자영업자가 되면 매 순간 살아남기 위해 치열하게 고군분투해야 합니다.

　결코 핑크빛 장래를 장담할 수 없고 그런 기대로 시작하다간 정말 돌이킬 수 없는 시련을 겪게 될 수 있습니다. 외롭게 홀로 이겨내야만 간신히 살아남는 자영업이라는 전쟁터에서의 싸움. 그만큼 대단한 각오와 열정이 없으면, 시작조차 하지 않았으면 합니다.

"누군가가 퇴직한 당신에게 1,000만 원 순수익을 보장한다며 창업하라고 하면, 당신은 창업하겠습니까?"

백화점에 입점해 수수료 매장을 운영하면서 한때 월 순수익 최고 6,000만 원이라는 떼돈을 벌었던 한 사장님이 자신의 과거를 이야기하면서 나에게 이렇게 질문했다. 그 순간, 정말 예비 창업자 입장인데 1,000만 원이 보장된다면, 이것만큼 솔깃한 제안은 없을 거라고 생각했다.

"네, 당연하죠. 1,000만 원을 보장한다는데, 제가 초보 창업자라면 창업할 것 같은데요?"

이 사장님은 첫 장사를 백화점 입점 매장에서부터 시작했다고 한다. 그때가 20년 전이서 그 또한 젊은 나이였다. 찜닭과 해물떡찜이 유행하던 시기라 40평 남짓한 매장에서 한 달 매출로 2억 원을 찍어버리니 비싼 백화점 수수료와 인건비를 내도 순수하게 자신에게 떨어지는 돈이 5,000~6,000만 원이었다고 한다. 입이 쩍 벌어졌다. 내 입장에서 봤을 때, 40평 매장에서 2억 원 매출은 정말 말이 안 되는 경우다. 하루 매출 600만 원? 40평 매장에서 찜닭을 팔아서? 이게 실화? 온종일 손님이 줄을 서 있었다고 한다.

첫 창업을 그렇게 대박을 터트려버리니까 '그때는 장사라는 건 그냥 하면 잘되는 건 줄 알았다'라고 나에게 고백했다. 그런데 그때의 기억을 결코 좋게 생각하지 않는다고 이야기했다.

"차라리 첫 장사를 힘들게 꾸려갔다면, 그 뒤에 겪게 된 실패로 인해 이렇게 큰 손해를 입지 않았을 텐데…."

그는 대박을 터트렸던 첫 장사로 큰돈을 벌었다. 그러나 백화점을 나온 후 여러 가지 외식사업에 도전했지만, 번번이 실패하여 벌어놓은 돈을 다 탕진한 건 물론이고 수십억 원의 빚까지 졌다고 고백했다. 그리고 백화점에 입점해 성공했던 경험으로, 자금을 어렵게 마련하여 우여곡절 끝에 다시 백화점에서 매장을 운영했을 때 이야기를 나에게 들려줬다.

요즘, 프랜차이즈 회사의 갑질로 떠들썩하다. 그러나 사실 프랜차이즈 회사보다 백화점이 훨씬 갑이다. 백화점에서 40평 정도 매장을 운영하려면, 최소 4~5억 원 정도의 투자금이 필요하다. 백화점의 이미지에 맞게 고급스러워야 하니까 이 정도 금액은 기본이다. 입점하는 데에도 굉장히 까다로운 절차가 필요하지만, 입점이 확정되더라도 백화점에서 정한 모든 룰에 어쩔 수 없이 다 따라야 한다.

백화점 운영 시간에 공사를 진행할 수 없으니 야간 공사만 가능했다. 공사 기간도 늘어날 수밖에 없었고 야간작업 인건비는 더블이어서 공사비 자체가 일반 공사와는 차이가 있었

다. 게다가 백화점 기준에 맞는 인테리어와 시설 공사를 해
야 해서, 그 비용은 예상보다 만만찮게 들어갔다.

그래도 오픈하자 백화점에 유동 인구가 많으니 매출이 꽤
괜찮았다. 장사가 잘되면, 하루 300만 원 정도 팔았다. 예전
만큼은 아니었지만, 비싼 수수료와 인건비를 다 내도 월
1,000만 원 순수익은 떨어졌다.

백화점의 수수료율은 아래와 같았다.

사례의 백화점 매장 수수료율

 매장 수수료율 25%+부가가치세율 2.5%=
총 수수료율 27.5%

예) 하루 매출 300만 원, 한 달 매출 9,000만 원이면,
월세=2,475만 원

수수료라고 하면 언뜻 생각할 때 버는 만큼 내니까 합리적
이라고 생각할지 모르지만, 아무리 팔아도 남는 게 없도록
하는 게 바로 이 수수료이다.

위에 정리한 내용을 보면, 비용이 많이 들긴 했지만 약 1,000만 원 정도로 꽤 괜찮은 수익이 발생했다.

그러나 한 가지 놓친 것이 있었다. 계약할 때는 대개 그냥 그런가 보다 하는데, 계약 만료가 다가오면 중요하게 느껴지는 것이다. 바로, 백화점 계약 기간이다.

백화점 계약 기간은 5년이다. 5년 후에는 재계약을 하든지 털고 나가야 한다. 일반 오프라인 매장은 계약 기간이 끝나면 보통 자연스레 연장하거나 그전에라도 보증금과 권리금을 받고 넘길 수 있지만, 백화점은 계약 기간이 끝나면 그냥 다 털고 나가야 한다고 생각해야 한다. 재계약할 수 없는 것은 아니지만, 5년 된 인테리어 그대로는 계약을 연장할 수 없다. 백화점 품격에 맞춰서 리모델링해야 한다. 말하자면,

리모델링이라는 미명하에 2억 원 정도를 더 투자해야 계약을 연장할 수 있다는 의미이다.

한 달 동안 순수익으로 1,000만 원을 가져갔다고 하지만, 5년이 되었을 때 다 털고 나와야 하니 초기 투자금 5억 원은 그대로 사라진다고 보면 된다. 투자나 장사를 하지 않고 그냥 5억 원을 5년, 즉 60개월 동안 즐기는 데 쓰며 살았으면, 차라리 억울하지는 않을 것이다. 죽기 살기로 열심히 일하면서 5억 원을 날려버린 셈이다.

1,000만 원 순수익 중 500만 원을 착실하게 적금 부었다고 하여도 60개월이면 3억 원 정도밖에 안 된다. 그 사장님은 '결국, 무엇을 위해서 일해온 건지 그때 느꼈던 허탈함은 이루 말할 수 없었다'라며 한숨지었다.

정리하면, 백화점 입점 매장을 운영해서 한 달에 수천만 원씩 수익이 나지 않는 한 사실 아무것도 남는 것이 없는 셈이다.

"장사가 안돼서 나름대로 홍보도 하고 자체적으로 행사도 하고 싶었지만, 백화점이 정한 규칙으로 인해 그 흔한 배너 한 장 세우는 것도 불가능했죠. 그래서, 결국 다 털고 나왔어요."

그 사장님의 마지막 말이었다.

사례의 백화점 입점 매장, 실질적인 손익 정리

·초기 입점 시 5년 계약, 비용 5억 원 투자
·한 달 수익 1,000만 원 중 500만 원 저축하며 60개월
 운영 시 약 3억 원 비축
·5년 이후 계약 연장 시 추가 비용 약 2억 원 필요

∴5년 운영 시 실질적인 손익 = 약 ⊖ 4억 원

※ 계약 연장하지 않을 시에는 다른 곳에서 재창업해야 하므로,
 실질적인 손익을 예측할 수 없음

창플지기의 컨설팅

'특수 상권'이라는 말을 들어봤습니까? 보통 백화점이나 놀이동산, 쇼핑몰 같은 곳을 이야기합니다. 일반 사람들은 손님으로 붐비고 장사가 엄청나게 잘되는 것으로 보이니까 '나도 이런 곳에서 장사 한번 해볼까?' 하고 쉽게 생각합니다. 그러나 연 매출 수억 원은 기본이고 수십억 원씩 매출을 올리는 가게들도 많지만, 사실상 정말 상위 몇 프로가 아니면 매출은 높을지언정 수수료 체계 구조 때문에 돈을 그다지 벌지 못하는 특수 상권 매장이 많습니다. 물론 생계를 목적으로 하는 장사가 아니라 투자 대비 높은 수익률을 원하는 창업자들에게는 괜찮은 창업 장소일 수도 있습니다.

제대로 좋은 자리를 수수료가 높더라도 확보하고 제대로 좋은 브랜드에 가맹해서 입점하면 꾸준히 수익을 가져갈 수 있지만, 중요한 건 생계를 목적으로 하는 초보 창업자들은 해당하지 않는다는 것이죠.

기어코 대형 마트나 백화점 등의 푸드코트 같은 곳에 입성한다고 쳐도, 온종일 죽어라 일해서 매일 마감 때 백화점에 모든 매출을 입금하고 1달이 지나 모든 수수료와 경비 떼고 원재료비 주고 나니 최저 임금도 못 가져가는 사장이 수두룩합니다. 월급 받는 직장인과 똑같습니다. 직장인은 그래도 최저임금이나 퇴직금이라는 제도와 노동법이 보호해주지만, 그저 사장 명함 하나 가지고 노예처럼 일하는 사장의 사례가 비일비재합니다.

일반 가게는 처음에 수익이 안 나더라도 열심히 해서 오래 버티면 '노포'도 되고 '맛집' 소리도 들을 수 있지만, 백화점에서 창업한 사장은 열심히 해서 자리를 잡는다고 해도 나가라고 하면 나가야 합니다. 예를 들어, 몇 년 전까지만 해도 핫도그가 인기여서 핫도그 매장을 백화점에 차렸는데, 내년부터는 크로켓이 유행이어서 크로켓 매장을 입점할 예정이라고 하면 그냥 방 빼줘야 합니다. 깔끔하게 아무 저항도 못 하고 그냥 다 철거해서 나가야 하는 거죠.

초보 창업자들이 성공하기 무척 어려운 특수 상권 창업, 혹시라도 꿈꾸고 있다면 꼭 참고하기를 바랍니다.

초보 창업자가 인테리어로 눈퉁이 맞는 과정

처음 약속과는 달리 공사비가 엄청나게 늘어났다는 이야기, 장사 처음으로 하는 주변 사람에게 종종 들어봤을 것이다. 생각해보면 단순하다.

프랜차이즈 업체에서는 가맹점 계약이나 인테리어 계약을 따내려면, 당연히 공사 퀄리티가 좋아야 하지만 일단 좀 싸야 창업자의 마음을 빼앗을 수 있다. 더 싸게 시공한다고 하면 왠지 더 양심적인 것 같고 거품이 제거된 것도 같은 기분이 든다. 그런데 실제로 거품 없이 시공한다는 말을 믿고 계약했는데 공사가 끝난 후 처음 계획과는 전혀 다른 공사 비용에 얼이 나간 창업자를 많이 본다. 무지해서 일어난 일이기도 하지만, 필요 이상으로 너무 많이 손해를 보는 사람도 진짜 많다. 조금 아껴보려다 오히려 돈 더 썼다고 하소연하는 사람들, 요즘 진짜 많이 본다.

요즘은 정석대로 해주는 업체도 많은데, 조금이라도 더 아껴보려고 임의로 직접 하는 사람들이 더 뒤집어쓰는 듯하다. 수주할 때는 그야말로 기본형만 알려주는 게 핵심이다. 그리고 그때 이야기하는 견적은 그야말로 자신이 일하면서 받는 금액 내의 견적이다. 공사 관련 금액만 얘기하고 자신의 수익과 관련 없는 견적은 일단 어벌쩡 넘어간다.

철거, 전기 공사, 전기 승압, 바닥이나 천장 다지는 공사 등 본 공사 전에 들어가야 하는 작업과 덕트 공사, 에어컨 설치 등 공사 끝나고 반드시 해야 하는 작업은 인테리어 외의 공사이자 업자의 수익과는 큰 상관이 없는 공사이다.

만일 20평짜리 돈가스집을 영업하던 자리에 커피숍을 창업한다고 치자. 얼핏 보면 그래도 영업했던 자리니까 좀 쓸 수 있는 게 있지 않을까 생각하지만, 커피숍과 돈가스집은 동선 자체부터 테이블 정렬, 주방 크기도 달라서 깨끗하게 다 철거해야 한다. 어설프게 살리는 게 더 어렵고 돈도 더 많이 든다.

그러면 철거비에 폐기물 처리비 등으로, 업체가 직접 할지 외주를 줄지 모르겠지만, 300~500만 원은 들어갈 것이다. 여기에서의 금액은 확실한 금액이 아니라, 독자들의 감을 돕기 위해 대략 현장에서 심심찮게 보는 금액을 제시해보았다.

바닥을 시멘트 느낌으로 세련되게 하고 싶은데 타일을 다 벗겨내니 바닥이 고르지 않아서 바닥 공사를 다시 하면 100만 원 정도 들어갈 수 있고, 반대로 천장을 다 철거했는데 부분적으로 입체감 있게 타일을 붙이고 싶으면 그것도 추가로 100만 원 정도 들어갈 수 있다.

돈가스집은 가스만 써도 되지만, 카페에는 오븐을 들여놓아야 한다. 전기 오븐은 전기를 많이 먹는다. 그래서 일반 전기 전압인 220V로는 안 되고 380V로 바꿔야 한다. 오븐 한 대에 들어가는 전력량만 7kW 정도이니, 기존에 들어와 있는 전체 전력량이 10kW밖에 안 되면 13kW 정도로 증설도 해야 한다.

그렇게 한전에 증설 작업 요청하면 돈이 들어가는데 1kW당 15만 원 정도, 13kW면 200만 원 정도 더 들어간다. 설상가상으로 건물에 남는 전기가 없어서 다른 전봇대에서 끌어와야 하면 더 돈이 들 수도 있다. 거기다 공사하다 보면 동선 문제나 미관상의 문제로 전기배전반 위치를 바꿀 수도 있는데, 그렇게만 해도 50~60만 원은 줘야 한다. 모두 하면, 공사 시작도 전에 1,000만 원 이상 더 돈이 들어가는 것인데, 공사를 진행하면서 비용은 계속 추가될 수밖에 없다. 가게를 선택할 때 미리 이런 걸 파악해야 하는데 놓쳐서 발생하는 비용이다.

예전에 상조회사에 가입하고 실제 그 서비스를 실행한 적이 있었다. 그 서비스만 보험 들어놓으면 문제없을 거로 생각했는데, 매 순간 선택해야 하는 상황이 발생했다. 식사는 몇 인분이 기본인데 사람 수에 따라 얼마가 추가된다든지, 식사 메뉴 퀄리티가 기본은 이 정도인데 좋은 반찬을 추가하려면 얼마를 더 내야 한다든지, 이런 식이다. 상주 옷차림에도 등급이 있고, 고인을 모시는 관에도 등급이 있다. 상 치르는 게 보통 일이 아니라서, 안 그래도 경황이 없고 이왕이면 더 좋게 보내드리고 싶은 마음에 그냥 '네, 해주세요.' 하게 된다. 그러다 보면, '내가 왜 이 상조 서비스에 들었지.' 할 정도로 금액이 엄청나게 올라간다.

공사 진행도 마찬가지다. 모든 것을 걸고 장사하는 것은 인생의 중대한 일이니 이왕이면 예쁘고 멋지게 매장을 꾸미고 싶은 마음에 그냥 모두 좋은 것으로 하게 된다. 그리고 나중에 문제 생길 수 있다고 공사 진행 매 순간, 매 공정 업자들이 겁이라도 주면, 겁나니까 추가로 진행할 수밖에 없다.

예를 들어, '뒤편에도 간판 달아드릴까요?' 그러면 그것도 추가하고, '앞쪽 문 기본인 걸로 달면 좀 허접해 보일 수 있는데, 망 달린 예쁜 것으로 달아드릴까요?' 그러면 그것도 추가한다. '이렇게 하다간 시간 지나면 좀 안 예쁘겠는데요? 여기에 파티션 좀 예쁘게 쳐 드릴까요?' 그러면 그것도 추가한다. 그냥 해주는 게 아니다. 다 내 주머니에서 나가는 거란 말이다.

예정에 없던 테라스가 생기고, 예정에 없던 외부 공사할 일이 발생하기도 한다. 예정에 없던 간판 업그레이드에 카운터 업그레이드, 다 끝난 듯한데 내 잘못이 아니라 건물 자체에 문제가 있어서 돈이 더 들어간다고 하니 또 추가 금액 지출이 발생한다.

연기 빠지는 덕트 기본 공사는 다 공사비에 들어가지만 덕트를 위로 많이 올려야 한다든지, 에어컨 실외기 놓는 곳이 정해져 있어서 몇십 미터 배관 공사를 해야 한다든지, 계속해서 추가 작업이 발생한다. 이렇게 더하다 보면, 처음에 5,000만 원인 줄 알고 계약했는데 3,000~4,000만 원 상승한 공사 금액을 내게 된다. 결정타로 그동안 물건값에 당연히 포함되어있다고 생각하고 체감하지 못했던 부가세 10%까지 더해서 두들겨 맞으면, 1억 원짜리 공사가 완성된다.

> ## 인테리어 기본 공사 외의 추가 진행 가능한 공사
> ·기존 매장 철거, 폐기물 처리
> ·바닥 타일 공사
> ·천장 공사
> ·전기 승압, 전기배전반 위치 변경 등 전기 관련 공사
> ·공기 덕트 추가 설치
> ·에어컨 실외기 설치 시 배관 추가 연장
> ·추가 간판 설치

그렇다고 공사 업체나 프랜차이즈 업체가 나쁘다는 의미는 아니다. 그 사람들이 악의를 가지고 속이거나 사기를 쳤다는 것도 아니다. 자세히 설명을 안 해준 잘못이 있다는 말도 하려는 건 아니다. 공사도 하기 전에 어떻게 알고 모두 브리핑해주겠는가? 공사 시작 전엔 모른다. 공사 작업자들도 일하다 보니 튀어나오는 것이다. 물론 공사하는 사람도 먹고

살아야 하니 암묵적으로 초기에는 굳이 자세히 이야기하지 않고 넘어갔을 수도 있겠지만….

어쨌든 공사 작업자들도 엄연히 전문가니까 자기 일에 집중해야 하고, 가게 사장은 자신의 가게이니까 알아둬야 할 점을 먼저 체크해서 잘 알아보고 먼저 업자들에게 비용이나 작업 내용을 못박아야 한다.

"여기 철거비 얼마나 나올까요? 이것저것 철거할 게 많아 보이는데, 저 그 이상은 못 줍니다."

이렇게 미리 가격을 정해놓는 것이다.

"전기 확인하셨어요? 나중에 더 들어가는 거 있으면 안 됩니다. 승압하는 데 문제는 없죠?"

"공사비, 어디까지 들어가는 거죠? 그럼 뒤에 이거 하나 더 달면 돈 더 드려야 해요?"

이처럼 공사 시작 전, 돈 내기 전에 이야기하면 어지간한 건 그쪽에서 그냥 해주는 것도 많다. 공사를 따내야 하니까. 업자들은 어차피 공사를 진행해야 하는 사람들이다. 공사해서 얼마가 남는지, 벌지, 까질지 모두 가게 주인과 협상하여 결정한다.

그런데 미리 체크 안 하고 일이 진행된 다음에 작업을 요구하면, 그때는 돈을 고스란히 모두 내야 한다. 그러니까 눈퉁이 맞은 후에 공사하는 사람들 욕하면서 하루하루 보내지 말고, 창업 준비하면서 미리 공사 관련하여 공부도 열심히 해야만 한다. 자세히 알아보고 공부해서 1억 원 들어갈 공사를 3,000만 원 아껴 7,000만 원에 진행한다고 가정해보자. 돈가스 팔아서, 커피 팔아서 순수익으로 3,000만 원을 벌려면 얼마나 오래 걸리는지 아는가?

창업 준비하는 데 너무나도 힘든 과정을 거쳐야 한다. 장사하는 법을 배우는 것도 중요하지만, 장사 전에 배워야 할 것이 많다. 부디 그 많은 정보를 얻고 배워서 창업에 도전하기를 바란다.

창플지기의 컨설팅

장사하는 사람들에게 인테리어 공사는 꼭 한번 거쳐야 할 과정입니다. 그런데 이 인테리어 공사라는 게 처음 계획대로 되는 게 하나도 없습니다. 처음에 잘 모르고 진행했다고 해도 중간에 멈출 수도 없습니다. 가게 계약을 끝낸 후에다가 인테리어 공사 계약까지 마친 상태에는 이미 많은 돈이 들어갔기 때문에 그다음은 어쩔 수 없이 계속 진행해야 하는 것입니다.

매 순간 왜 미리 이야기 안 했냐고 소리 지르고 싸우면, 인테리어 업자하고 사이가 틀어지고 인테리어 업자는 이미 다시 볼 일 없는 사람으로 생각해서 최대한 더 뽑아 먹으려고만 합니다. 돈 안 준다고 성질내봐야 인테리어 업자는 그냥 공사 멈춰버리면 그만입니다. 이미 돈 줄 거 다 준 상태여서, 다른 업자 불러서 할 수도 없습니다. 울며 겨자 먹기로 해당 업자에게 작업시킬 수밖에 없고, 결국엔 돈은 돈 대로 나가고 기분은 기분대로 상합니다. 오픈 전부터 큰 상처를 입은 채 장사를 시작하게 됩니다.

인테리어 공사는 잘해주는 업체를 찾는 것도 중요하지만, 잘 모르면 언제든지 당할 수 있으므로 반드시 사전에 체크할 것을 꼼꼼히 알아보고 공부를 많이 한 후 진행해야 합니다.

요즘 방송이 무섭다는 걸 느낀다. 푸드트럭Food Truck으로 행사를 하려고 중고를 알아보러 중고차 시장에 가보고는 몇 년 전부터 방송을 보고 시작한 푸드트럭 창업자들이 무수히 망해갔다는 사실을 발견했다. 중고 매물이 쏟아져 나온 덕분에 중고 푸드트럭을 싸게 사서 좋긴 하지만, 도대체 지난 몇 년 동안 무슨 일이 있었던 걸까?

푸드트럭 창업, 진짜 안 하면 안 되나? 아니, 푸드트럭 창업 외에도 우리 청년들, 방송만 보고 창업 결정을 그렇게 쉽게 하지 않았으면 좋겠다. 청년 창업이라는 이름으로 '갬성' 넘치는 트럭 위에서 두건 뒤집어쓰고 느낌 있게 장사하는 모습을 보고 어떤 부분에서 로망이 생겼는지는 모르겠지만, 진짜 이젠 손도 안 댔으면 좋겠다. 그래서 작정하고 청년 창업자들에게 왜 푸드트럭 창업을 말리는지 이야기해보려고 한다.

우선 푸드트럭은 처음부터 우리나라와 맞지 않는 아이템이다. 왜냐하면, 일단 우리나라는 푸드트럭 장사에 맞는 날씨가 아니다. 푸드트럭은 쉽게 말해서 음식 파는 노점상이다. 노점상이 기본적으로 고려해야 할 요건 중 하나는 야외에서 장사할 기간이 1년 중 얼마나 되느냐이다.

요즘 우리나라 기후를 보면, 여름은 '폭염', 겨울은 '혹한' 이라고 한마디로 말할 수 있다. 봄과 가을에는 황사와 미세 먼지가 날리는데 누가 밖에서 문 열어놓고 만든 음식을 돌아 다니며 먹겠는가?

두 번째로, 푸드트럭은 장소가 중요하다. 사람이 많이 다 니는 곳에 자리 잡아야 한다. 그러나 그런 곳은 이미 오프라 인 매장이 자리 잡고 있다. 우리나라가 무슨 하와이 같은 휴 양지도 아니고, 푸드트럭 놓을 자리도 없다. 우리나라는 이 미 푸드트럭 말고도 음식점이 너무 많아서 좋은 장소는 음식 점 포화상태이다. 심지어 푸드트럭 역할을 하던 기존에 자리 잡은 노량진 컵밥 노점상들도 다 없애려는 판국에 누가 푸드 트럭이 내 집 앞에서 장사하는 걸 허용할까?

세 번째로, 푸드트럭에서는 객단가가 센 음식을 팔지 못한 다. 길거리 노점상에서 10,000원짜리 파스타를 먹겠는가? 아니면, 12,000원짜리 삼계탕을 먹겠는가? 당신이라면 먹 겠는가? 직접 만들어 간식 삼아 먹는 음식들, 그거 5,000원 만 넘어가도 밖에서 먹지 않는다. 객단가가 낮으면 매출이 낮으니 아무리 바빠 봐야 수익에는 한계가 있다.

네 번째로, 푸드트럭은 기동성이 좋지 않다. 트럭이라고 하니까 여기서 좀 팔다가 바로 이동해서 저기서 팔 수 있을 것 같은가? 급·배수도 안 되고 가스통은 밖에 놔야 한다. 생 각보다 너무 좁아서 집기류들은 뒤편에 다 내놓는 상황이다.

하루에 한 번 세팅하기도 버겁고 이동하는 데 정말 손 많이 간다. 그래서 사실상 세워놓고 퇴근할 만한 자리가 아니면 영업하기 힘들다.

무조건 푸드트럭 창업을 하지 말라고, 그 방송이 나쁘다고 비판만 하는 건 아니다. 좀 냉정하게 생각해보자는 의미이다. 대안을 찾아보자. 돈 없는 청년들이 큰돈 안 들이고 매장 없이 트럭으로 창업할 수 있다는 것 자체는 좋은 취지니까 말이다.

혹시, 집에 있다가 채소·과일 트럭 아저씨, 생선 트럭 아저씨들의 확성기 소리 들어본 적 있는가?

"고구마 한 박스에 만 워어언~, 오징어 세 마리에 만 이천 워어어언~"

그 아저씨들 보면, 30년은 족히 되어 보이는 낡은 트럭 끌고서 어쨌든 먹고살지 않는가? 그걸로 돈 벌어서 생활하고 자식들 교육하고 그렇게 여태까지 살아오고 있지 않은가? 이미 여기에 성공 모델이 있다.

만약에 청년들이 푸드트럭이 아니라 채소·과일·생선 트럭 아저씨들의 후계자가 되어, 30년 된 낡은 트럭이 아니라 푸드트럭처럼 이쁘게 잘 꾸민 트럭을 몰고 다니며 장사한다면 어떨까? 쓸데없이 사람들 평소에 잘 먹지도 않는 수제버거, 다코야끼, 스테이크 같은 음식 판매하지 말고 채소를 이쁘게 잘 진열해서 이동하면서 판다면 어떨까? 채소 트럭의 일인자가 될 것 같은데, 독자의 생각은 어떤가? 젊은 나이인 지금 시작하면, 채소 트럭 계의 꽃미남 된다. 지금이 시작하는 데 딱 적기다.

판매 가격이라는 건 상품들의 퀄리티에 따라 다르게 책정하기도 하지만, 어쨌든 임대료나 인건비를 다 포함하여 산출하는 것인데, 채소·과일·생선 트럭은 그런 비용을 세이브할 수 있으니 더 좋은 가격으로 소비자들을 만날 수 있다.

집 앞까지 가깝게 찾아와 판매해서 좋은 데다가 판매하는 사람이 50~60세 아저씨가 아니라 20~30대 청년이라면 어떻겠는가? 이거야말로 블루오션 아닌가? 앞서 이야기한 '안 되는 이유'가 모두 '잘되는 이유'로 바뀐다.

채소·과일·생선 트럭은 날씨와 상관이 없다. 손님은 잠깐 나가서 필요한 것만 사고 들어오면 되기 때문이다. 트럭을 이쁘게 꾸민 데다가 확성기 소리에 아저씨 목소리가 아니라 젊은 청년 목소리가 쩌렁쩌렁하게 울리니 더 많은 사람이 모일 것이다. 푸드트럭 점원처럼 깔끔한 유니폼과 두건을 쓰고 있다면 금상첨화일 것이다.

그리고 채소·과일·생선 트럭은 푸드트럭처럼 장소가 중요하지 않다. 원하는 데를 찾아가면 된다. 더해서 객단가도 높다. 수산물 트럭이라면, 오징어 세 마리만 팔아도 매출 12,000원은 나온다. 괜히 조리한다고 시간 뺏길 필요도 없고 그냥 건네주기만 하면 된다. 단골 만든다는 셈 치고 조금

남을 것 같으면 덤으로 하나 더 줘도 좋다. 오히려 기동성이
좋아 장사하기에도 좋을 것이다. 물건 파는데 누군가 싫은
소리 해도 그냥 다른 곳으로 이동하면 된다. 요일별로 자유
롭게 다니면서 어디가 잘 통하는지 테스트해보고 나에게 맞
는 동네를 찾아 돈이 되는 곳을 중점적으로 공략하면 된다.

　물론 기존에 자리 잡고 장사하는 채소·과일·생선 가게 사
장님들이 계시기 때문에 사회적인 합의가 필요할 수도 있지
만, 너무 청년들이 많이 망하니까 이런 방식을 제안해 본다.

　그러니까 방송에서 좋아 보인다고 푸드트럭 창업하지 말
고 채소·과일·생선 트럭 사장님들과 세대 교체합시다!

창플지기의 컨설팅

'청년 창업'이라는 건 사실 우리 사회에 너무나도 중요합니다. 창업에도 청년들이 도전해야 하는데, 다 공무원만 하겠다고 하니 정말 걱정이죠. 하지만 청년들은 돈이 없습니다. 돈이 없으니 돈을 안 들이고 장사할 생각을 하는데, 자칫 잘못된 정보와 티브이 광고를 통해서 푸드트럭 같은 것을 창업했다가 속절없이 무너지는 경우를 많이 봤습니다.

청년들이 열정을 잘 발휘할 수 있게 방향 설정을 잘해주는 어른들은 안 보이고, 그저 탁상공론으로 만들어낸 단기적이고 지속 불가능한 아이템들이 청년들 주위를 감싸고 있습니다. 국가나 지자체에서 청년 창업을 지원하겠다는 의지는 의심할 여지가 없으나 뭔가 겉돌고 있다는 느낌이 드는 요즘입니다.

'도전하지 않는 청년이 많은 나라는 쇠약해질 것이고 도전하는 청년이 많은 나라가 부강해진다'는 사실을 누구나 아는 것처럼 대한민국 청년들이 미처 펴보지도 못하고 순식간에 망하는 일만큼은 어떻게든 막았으면 합니다.

내일,
가게 문
닫겠습니다

초보 자영업자의
착각

Menu 04

맛집과 레시피, 운영 노하우를 똑같이 해도 망하는 이유

얼마 전, 창원에서 10년째 운영 중인 제법 유명한 감자탕 집에 갔을 때였다.

감자탕이 너무 맛있고 가성비도 괜찮으니까 장사하려는 사람들이 이 사장님한테 여럿 와서는 비법 좀 가르쳐달라고 조를 만큼 맛집이었다. 사장님은 그때마다 거절하는 것도 한두 번이지 자신의 어려운 상황을 이야기하면서 도와달라고 하니까 어쩔 수 없이 자신의 레시피와 운영 방법을 가르쳐줄 수밖에 없었단다. 이른바 '전수 창업'을 시켜준 상황이었다.

그저 내 장사만 하던 사람이었다가 이렇게 내 기술을 가져 간 사람이 생기면서 어쩌다 보니 제자가 생긴 셈이다. 그러 다 보니 전수를 해주고서도 잘하고 있는지 전화도 하게 되고 한 번씩 들러서 그 맛을 유지하고 있는지 확인도 하고는 한 단다. 이상한 것은 맛도 잘 내고 운영도 너무 깔끔하게 하고 있는데 장사가 안돼도 너무 안되는 것이었다.

"사부님, 왜 이렇게 장사가 안되죠?"

이렇게 묻는 제자에게 해줄 말이 없었다.

"그러게요. 왜 그럴까요?"

시간이 지나 그렇게 차려준 매장 두 곳이 망하는 걸 본 후

이제 더는 전수 창업을 시켜주지 않기로 했다고 이야기했다.

사실 전수 창업을 시켜주었는데, 안돼서 망하는 사례가 꽤 많다. 보통은 가르쳐주는 대로 하지 않아서 망하는 경우가 대부분이다. 맛 자체가 변하거나 원가를 좀 아껴보려다가 가성비가 떨어지면서 실패하는 것이다. 그러나 완벽하게 똑같이 하는데도 망하고는 한다.

그때 그 감자탕집 사장님에게 내가 이렇게 물었다.

"사장님, 이곳에서 장사하신 지 얼마나 되셨어요?"

"10년 됐습니다."

"10년 전 그 맛 그대로 영업하고 계신 거죠?"

"네."

"그러면 장사가 잘되기 시작한 건 언제부터인가요?"

"한 3년 정도 지나면서, 소문이 나서 잘된 것 같아요."

사실 '브랜드 파워'라는 게 이래서 중요하다. 브랜드 파워가 있다는 건 맛을 보지 않아도 그 브랜드를 보고 고객들이 방문한다는 걸 의미한다. 맛을 보고서 실망하고 안 올 수는 있어도 일단 브랜드 파워 때문에 사람들이 먹으러 오는 거라는 말이다.

그런데 각 지역 맛집은 그 동네에서는 유명하고 동네 사람의 단골집일지 모르지만, 다른 지역에서는 유명하지 않고 그 지역 단골도 없는 음식점일 뿐이다. 여기에 답이 있다. 원조 사장님도 그 맛 그대로 열심히 유지해서 3년이 지나 알려지면서 맛집 대우를 받았는데, 이제 요리나 운영법을 전수받아서 똑같이 한다고 해서 바로 맛집으로 인정받을 수는 없다. 어찌 보면 말이 안 되는 욕심 아닌가 생각한다.

이런 경우 외의 또 다른 경우도 있다. 한 지역에서 유명한 삼계탕집의 모든 기술과 노하우 그대로 전수받아 창업한 20평짜리 홀 겸 배달 매장이 있었다. 그 유명한 삼계탕집은 차량 열 대 이상 주차할 수 있을 만큼 주차장이 넓고 매장도 100평 규모였다. 그 지역 회사원 및 구매력 높은 장년층 상대로 한 그릇에 14,000원씩 받으면서 장사했는데, 연일 손님으로 가득한 '대박 맛집'이었다.

그러나 기술을 전수받은 제자 창업자는 투자금이 부족해서 주차장도 없는 20평 정도 규모의 매장으로 오픈했다. 주로 신혼부부들이 이제 막 들어와 거주하는 동네에서 무권리 자리를 찾아 창업했다. 그러니 아무리 맛이 똑같고 주방 운영을 완벽하게 구축했다고 해도 똑같이 대박 날 수가 없었다.

사례의 맛집 본점과 전수 창업 매장의 비교

· 지역의 회사원과 장년층을 타겟팅 ↔ 신도시의 신혼부
부들을 타겟팅
· 장기간의 시간과 비용 투자 ↔ 단기간의 운영 기간
· 오랜 시간 해당 지역에서 인정받음 ↔ 지역에 막 오픈한
음식점
· 100평 규모 매장 ↔ 20평 규모 매장
· 넓은 주차 공간 보유 ↔ 주차장 없음

맛집의 기술과 노하우를 전수받는 것만으로는 똑같이 대
박 날 수가 없다. 진짜 그 맛집처럼 대박 나고 싶다면 최소한
그 맛집이 어떤 과정을 거쳐서 성장했는지도 파악해야 한다.
초창기 어떤 어려움을 겪었는지, 자리 잡는 데 몇 년이 걸렸
는지 파악하고, 그 맛집이 위치한 상권의 특성과 주 고객층,
그리고 그 고객층의 구매력이나 구매 방식 등까지 고려해서,
레시피와 운영 기술을 배워 똑같이 운영하듯이 그 외의 것도
똑같이 일궈야 한다.
그 삼계탕이 맛있어서 장사가 잘되는 건지, 주변에 다른
삼계탕집이 없어서 그 집이 잘되는 건지도 봐야 한다. 만일
김치찌개 맛집이라고 한다면, 그 김치찌개가 맛있어서 잘되
는 건지 아니면 그 동네에 7,000원짜리 밥집이 그 집뿐이라

서 잘되는 건지도 봐야 한다. 실제로 9,000원짜리 밥집이 많은 곳에서 7,000원짜리 밥집 하나가 잘되는 곳도 많고, 7,000원짜리 밥집이 많은 곳에서는 10,000원짜리 퀄리티 높은 밥집 하나가 잘되는 곳도 많다.

　전수 창업이라는 이름으로 단순히 맛집의 레시피와 노하우를 배웠다고 해서 무조건 잘될 것이라는 생각을 버려야 한다. 맛집의 노하우를 완벽하게 똑같이 하는 것은 기본이고, 그 외의 것도 면밀히 살펴보고 똑같이 구축해야 그나마 희망이 있다. 우리는 요리 연구가가 아니라 장사를 해야 하는 사장이라는 것을 잊어서는 안 된다.

창플지기의 컨설팅

장사로 성공하는 데 있어서 맛이 차지하는 비중은 그리 크지 않습니다. 물론 맛이라는 게 음식점에서 가장 중요한 부분이라는 것에 대해서 부정하는 게 아닙니다. 맛은 필수 항목이지 성공을 보장하는 요소는 아니라는 이야기입니다.

초보 창업자들은 조리법과 장사를 배우는 것뿐만 아니라 그 이외의 것도 파악하고 준비해야 하는데 유명 맛집의 레시피만 배우고 전수받으면 똑같이 성공할 수 있다고 생각합니다. 그런 안이한 생각으로는 절대 이길 수가 없습니다.

요즘은 대박 레시피만 전수해주는 업체도 많고, 심지어 어지간한 오이엠 공장에서는 유명 프랜차이즈의 육수나 소스도 어렵지 않게 얻을 수 있습니다. 그러니까 요즘은 어느 집이든 다 평균적으로 맛있게 요리할 수 있다는 말입니다.

쉽게 운영하려고 남을 벤치마킹하고 배우는 것은 좋지만, 그것에만 의존하지 말고 전체적으로 살피는 안목을 길러야만 합니다.

초보 창업자가 상권이 좋은 곳에 들어가서 망하는 이유

상권이 좋다는 게 무슨 뜻일까?

단순히 장사가 잘되는 곳이라고 생각할 수 있지만, 상권이 좋다는 걸 가장 단순하면서도 정확하게 이야기할 수 있는 건 바로 '사람이 많이 모이는 곳'이라는 의미이다. 사람이 많이 모이는 곳은 상권이 좋은 곳이므로 은행이나 관공서, 쇼핑몰 등 집객 시설이 즐비하고, 오피스나 대형 건물 등이 있어 상 주인구도 많다. 그렇다 보니까 다른 지역보다 그런 인구를 상대로 장사할 사람도 많이 모인다. 그런 곳을 상권이 좋다 고 이야기한다.

상권이 좋은 곳에는 사람이 많으므로, 흔히들 그중 몇 퍼센 트만 우리 집에 와도 먹고사는 건 문제없겠다고 이야기한다. 물론 그런 곳에서는 그럭저럭 장사가 잘되는 게 일반적이다. 그래서 이왕이면 상권 좋은 곳에 가서 장사해야 한다고 지난 수십 년 동안 가게를 경영해온 사람들은 말한다. 경험을 토대 로 한 조언이므로 틀린 말은 아니다. 하지만 앞으로는 틀린 말이 될 것이다. 특히 초보 창업자들에게는 말이다.

요즘처럼 '투자'라는 말을 잘사는 사람, 못사는 사람 할 것 없이 많이 이야기하는 시대가 없을 정도로 너도나도 투자를 외치고 있다. 심지어 창업하는 데에도 '투자해야 한다'라고 말한다. 그런데 못사는 사람들의 투자와 잘사는 사람들의 투자는 좀 다르다.

못사는 사람들에게 '창업에 투자한다는 것'은 가게를 열기 위해 가게 비용을 대고 인테리어 공사를 하는 등 오픈하기 전까지 시간적, 인적, 물적 비용을 쓴다는 의미이다. 그래서 투자가 끝나고 가게를 오픈한 다음에는 투자한 돈을 회수해야 한다고 생각하고 오픈한 후에는 바로 수익이 나와야 한다고 생각한다.

잘사는 사람들은 '창업에 투자한다'고 이야기했을 때, 가게 오픈 비용을 투자금이라 생각하지 않는다. 그저 투자하기 위한 주체일 뿐이다. 오픈하고 제대로 자리 잡기까지 들어가는 비용을 바로 투자금이라고 생각한다. 그래서 자리 잡는 데 2년이 걸린다고 한다면, 2년 동안 수익이 없을 테니, 아니 수익은커녕 적자가 날 수도 있으니까 2년간 버티는 비용을 투자한다고 이야기한다.

7,000원짜리 김치찌개를 파는 음식점이 있다고 치자. 못사는 사람은 그 김치찌갯집을 차리기 위해 3억 원을 투자했고 오픈 후부터 먹고살아야 하니 한 달에 생활비로 300만 원을 남기려고 아등바등할 때, 잘사는 사람은 똑같이 3억 원을 들였어도 자리 잡는 기간이 평균 2년이니 월 300만 원씩 2년 치, 즉 24개월 생활비 7,200만 원을 투자한다는 이야기이다. 변수를 고려해서 추가로 1억 원 정도는 더 투자해서 2년

동안 그곳에서 살아남고 자리 잡기 위해 노력한다.

그런데 예전에는 자영업자도 상권 좋은 곳에 자리 잡은 데다가 장사의 맥을 잘 짚고 틈새를 잘 공략하며 장사를 잘할 뿐만 아니라 운도 어느 정도 받쳐주면, 돈을 많이 벌었다. 그리고 기업형 매장들이 들어와도 충분히 살아남았다. 그러나 최근에는 또 다른 세력들이 들어왔다. 바로 '치킨 게임' 세력들이다.

치킨 게임Chicken Game?

1955년에 개봉한 〈이유 없는 반항〉이라는 영화를 보면, 주인공 짐제임스 딘과 버즈가 위험한 게임을 한다. 서로 동일한 선에서 각자의 자동차를 타고 나란히 절벽으로 질주하다가 누가 먼저 뛰어내리느냐 하는 게임이었다. 먼저 차에서 뛰어내린 사람은 치킨, 즉 겁쟁이로 불렸다. 서양에서는 겁쟁이를 닭에 비유한다.

이때 먼저 뛰어내리든, 끝까지 뛰어내리지 않고 버티든, 모두 피해를 본다.

과거에는 특히 IT 기업이 이런 방식으로 세를 키웠다. 시장성을 파악했는데 나눠 먹다가는 수익이 높지 않아서 '상대를 먼저 죽이고 독점 내지는 과점을 하자'는 식으로 치킨 게임을 해왔다. 우리가 알고 있는 '쿠팡' 같은 회사들이 그런

곳이다. 일단 매년 조 단위 손실이 나도 무너지지 않고 운영한다. 그야말로 다 죽을 때까지 운영하는 것이다. 나머지 다른 기업이 다 죽으면, 그땐 어마어마한 수익이 날 테니 치킨 게임을 하는 것이다.

쿠팡이 성공하느냐 마느냐가 중요한 게 아니다. 글로벌 전역이 사실 이 치킨 게임에 사활을 걸고 있다. 우리나라부터도 과거 치킨 게임에서 승리한 적이 있다. 반도체 전쟁에서 가격을 앞세운 치킨 게임으로 일본 기업을 무너뜨려 삼성전자랑 하이닉스가 살아남은 것이 대표적인 예다.

중국이 가성비 있게 배를 만들면서 우리나라 조선업이 한때 어려움을 겪었던 것처럼 공유 경제나 4차 산업혁명과 관련한 그 모든 글로벌 리딩 기업이 미래에 누가 살아남을지 치킨 게임에 집중하고 있다.

지금까지 치킨 게임의 양상이 일반 자영업 쪽에서는 잘 안 보였던 게 사실이다. 요즘은 온라인 상권이 발달하고 오프라인 상권도 더 넓어졌다. '온라인 상권이 발달했다'는 것은 온라인으로 제품을 소비하는 사람이 많아졌다는 것이다. '오프라인 상권이 넓어졌다'는 것은 전통적인 상권에서 점점 상권이 확장되면서 상가가 많아지는 현상을 말한다. 즉, 예전에는 홍대 상권이 흥했다면, 점점 더 자영업자들이 살길을 찾아서 그 옆 피카소거리, 또 그 옆 상수동, 그 반대로 건너가 연남동, 그리고 합정동을 넘어서 망원동 망리단길까지 상권이 확장된 것을 보면 알 수 있다. 대기업 오프라인 플랫폼을 보면, 대형 복합 쇼핑몰인 스타필드, 현대시티몰, 트레이더스, 롯데몰 등 온갖 부수적으로 즐길 거리가 많은 오프라인 상권이 발생했다.

이런 상황이므로, 결국 상권 좋은 곳에서 살아남는 방법은 바로 치킨 게임뿐이다. 해당 장소에서만큼은 제일이 되어야 살아남을 수 있기 때문이다. 불과 7~8년 전만 해도 카피 브랜드Copy Brand들이 먹고살 수 있었던 건 낙수효과 덕분이다.

예를 들어, 스몰비어가 잠실에 하나 들어왔는데 장사가 잘돼서 사람들로 가득 차면 '○○비어'나 '말○싸롱' 같은 카피 브랜드들에도 사람들이 몰렸다. 그런데 지금처럼 미친 듯이 잠실 상권뿐만 아니라 그 옆 석촌 상권, 송리단길처럼 골목길까지 상권이 늘어나는 상황에서는 카피 브랜드로 갈 이유가 없어졌다.

요즘 맥주 쪽으로 가장 핫한 '○○할머니맥주'가 예전 봉○비어와 다른 점이 바로 여기에 있다. 고객은 이왕이면 1등 가게에서 먹고 싶지, 비슷한 카피 브랜드에서 먹고 싶진 않을 것이다. 요약하면, 예전에는 상권이 한정적이어서 2등, 3등 브랜드도 덩달아 흥했는데, 이젠 상황이 달라졌다는 말이다.

서민 창업자들은 언뜻 이해가 안 될 것이다. 하지만 실제로 현장에서는 가게 하나가 잘되는 걸 직접 확인하여 시장성이 보인다면, 상권이 작은 곳에서 모험하기보다는 그곳에서 무조건 살아남는 최종 승자가 되자는 생각으로 치킨 게임을 시작하는 게 일반적이다.

손님이 별로 없어도 장사가 잘돼서 열어놓나 보다 하지만, 사실 그 치킨 게임에 빠진 매장들 다 죽을 맛이다. 그중 제일 죽을 맛을 보는 이는 못사는 초보 창업자들이다. 잘사는 창업자들은 버틸 만한 여유가 있고 그 매장에서 나온 돈으로 생활비를 쓰지 않는다. 못사는 창업자들은 자금을 매장 오픈하기 전에 이미 다 써서, 그 매장에서 나오는 돈을 온 가족 생활비로 써야 한다. 이런 상황에서 못사는 창업자가 어떻게 이길 수 있을까?

내가 지금 운영하는 커피숍을 그 동네에 처음 차렸을 때 반경 700m 안에 30여 개의 카페가 있었다. 우리가 아는 브랜드 카페는 다 있었다. 하지만 그중에서 우리와 같은 전략으로 운영하는 60평 이상 넓은 평수의 메이저 커피숍인 스타○스, 할○스, 투○플레이스, 비○나, 달○커피, 대략 5개 정도를 진짜 경쟁자라고 생각했다.

역시나 별 수익도 없이 사람들만 가득 차 있는 모습을 보았다. 그중 몇 개 매장은 이길 수 있다는 가정하에 전략을 짰다. 우선 그들이 월세 2,000만 원 이상을 커버하는 걸 보고 그들의 매장보다 위치는 안 좋지만, 월세 500만 원대 자리에 들어가서 고정비를 경쟁자 대비 25% 수준으로 만들었다. 그렇게 아낀 임대료로 가격 대비 제품의 품질을 높이는 데 주력했다.

그 경쟁자들과의 치킨 게임에서 살아남기 위해서 과감하게 뜨내기손님 수요를 포기하고 단골 수요 전략으로 바꾸었다. 부족한 매출분은 테이크 아웃이 아닌, 그들이 전략적으로 하지 않는 배달을 통해서 판매 루트를 다각화해 우리만의 수익 구조를 만들었다. 그리고 2년 동안 수익 볼 생각은 하지 않았다. 본전치기만 하면 다행이라는 생각으로 수익이 생길 땐 추가로 투자하였으며, 직원을 쓰지 않고 직접 와이프가 운영하게 해서 인건비 로스도 줄였다.

그렇게 2년이 지났다. 매출은 어느 정도 안정적이지만, 사실 남는 건 별로 없다. 그리고 그사이 대략 10개 이상 못사는 사람들이 운영하던 커피숍들은 계속해서 문을 닫았다. 문을 닫은 그 자리는 커피숍이 아닌 다른 매장들로 채워졌고 점점 더 경쟁자는 줄고 있다. 그리고 나는 앞으로 2년은 더 버텨야겠다는 생각으로, 베이커리에 추가 투자할 생각이다.

상권이 좋지 않은 곳에서도 이 정도는 해야 버틸 수 있는데 초보 창업자들, 이래도 상권 좋은 곳에서 창업할 건가? 초보 창업자들은 치킨 게임이 없을 만한 안 좋은 상권, 말하자면 아파트 주거 상권에서 창업하길 바란다. 대기업, 돈 많은 사람이 봤을 때 치킨 게임으로 다 이겨도 별 재미가 없을 만한 곳에 들어가서 장사하기를 바란다.

초보자들이 있어야 할 곳은 상권 좋은 곳이 아니라 상권이라고 이야기하기도 힘든 동네 상권이다.

창플지기의 컨설팅

　과거의 성공 경험이 이젠 더 이상 통하지 않는 시대가 되었다는 걸 인정해야 할 때가 되었습니다. 지난 수십 년간 장사로 돈을 벌어본 사람들이 경험에서 우러나온 조언을 많이 하지만, 세상은 이미 너무 많이 변했고 이제 열심히만 한다고 잘되지 않습니다.

　세상의 아이템이 모두 상향 평준화되었습니다. 그걸 향유하는 소비자가 어느 정도 확보되었다면, 결국 더욱더 공격적으로 마케팅하고 살아남을 때까지 투자를 계속하는 큰 기업들을 초보 창업자들이 이길 수는 없습니다.

　이젠 상권 좋은 곳에서 낙수 효과로 먹고살던 시대는 갔습니다. 새로운 동네 상권에서 우리가 살길을 모색할 때입니다.

낙수 효과: 물이 위에서 아래로 떨어지듯이 대기업이 발전하면, 그와 관련한 중소기업도 성장한다는 이론이다. 지금까지는 낙수효과를 들어 대기업을 살려야 서민 경제가 산다고 주장하는 쪽이 우세했으나, 이제는 그 낙수 효과의 실효를 의심하는 쪽으로 기울었다.

몇 년 전부터 아파트 단지가 늘면서 지자체별로 새로운 도시가 많이 생기고 있다. 서울에서는 위례 신도시, 경기도에서는 하남 미사 신도시 같은 대단위 아파트 단지가 생기고 있다. 지방도 혁신도시라는 이름의 아파트 단지들이 계속 늘고 있다.

지금 하려는 이야기는 충청도 어느 혁신도시에서 장사를 시작한 한 초보 사장의 이야기이다.

혁신도시 같은 미니 신도시들의 주요 특징은 젊은 신혼부부가 많이 산다는 것이다. 젊은 부부들은 외식을 자주 하고 소소한 소비도 많이 한다. 그리고 그곳에 사는 아이들이 대개 어리다 보니 어른과 아이가 함께 먹을 수 있는 먹거리 장사가 잘된다.

신도시가 생기는 과정에서는 공사 일하는 사람이 많다 보니 설렁탕, 순댓국, 칼국수 등 서둘러 먹을 수 있는 구수한 음식들이 장사가 좀 되다가 공사가 끝나고 나면 인기가 시들해진다. 신도시 건설이 끝나고 입주가 시작되면 애들이랑 함께 끼니를 때울 수 있는 '미소야'나 '국수나무' 같은 캐주얼 일식이나 한식집, 혹은 저가 스파게티집, 김밥집, 패스트푸

창업하기 전에 체크해봐야 할
초보 창업자
셀프 체크 리스트

기본자세 ✓체크

- 자영업자의 라이프 패턴대로 하루 15시간 이상
  일할 각오가 되어 있는가? ☐
- 주변에 자영업자나 사업가가 5명 이상 있는가? ☐
- 자영업자 커뮤니티에서 활동하고 있는가? ☐
- 창업 관련 교육과 세미나 참여 등 실제 활동을 하고 있는가? ☐

경험 정도 ✓체크

- 다른 영업장에서 일해본 경력이 2년 이상 있는가? ☐
- 조그만 가게에서라도 리더로서 일해본 적 있는가? ☐
- 온라인 마케팅에 관해서 잘 알고 있는가? ☐

리스크 관리 능력 ✓체크

- 창업 투자금을 다 날리더라도 대안이 있는가? ☐
- 창업하려는 업종의 운영에 필요한 인원이 2명 이하인가? ☐
- 창업하려는 지역이 동네 상권인가? ☐

당신의 점수는?

10개	7개 이상	5개 이상	4개 미만
당신은 이미 창업인!	창업을 준비해도 좋습니다!	좀 더 공부하세요!	꼭 창업하셔야 겠어요?
좋은 가게 잘 알아보세요.	창업 준비 철저히 하세요.	아직 창업할 자세가 안 되어 있군요.	절대로 창업해서는 안 됩니다!

드 매장들이 장사가 잘된다.

그런데 사장들, 처음 텅텅 비었던 곳에서 장사를 시작할 땐 겁내다가도 생각보다 장사가 잘되니 점점 오만해진다. 장사를 처음 하는데도 장사가 잘되고, 전에는 기껏해야 한 달에 몇백만 원 월급 받으면서 **빠듯하게** 생활했는데 하루에도 수십만 원 매출이 나고 통장에는 수백만 원의 현금이 도니까 일단 정신을 못 차린다.

신도시라 무권리 자리에 들어갔으니 그런 자리에서도 내 능력이 충분하고 장사가 체질에 맞는구나, 하는 생각도 들 것이다. 어쩌면 성공할 수 있다는 강한 믿음도 가지게 된다.

이 사장도 스파게티집을 운영하며, 이것저것 다 떼고 매달 1,000만 원 정도를 순수익으로 가져갔다. 일단 기본적으로 외제 차 한 대 뽑고, 일주일 내내 일하느라 여가생활도 못 했었는데 이젠 일주일에 이틀은 쉬어가며 소비를 하기 시작했다. 먼저 퇴사해서 성공한 모습을 예전 직장 동료들에게 보여주고 부러움도 받고 싶었다. 직원들도 넉넉히 쓰고, 사장이라고 '폼'도 잡았다.

그러던 어느 날 문득 이런 생각을 하게 된다.

'이 정도로는 좀 부족한 것 같아. 더 단가 높은 음식으로 바꾸고, 매장도 2배 큰 40평 정도로 새로 차려서 더 큰 수익을 노리자. 한 달에 2,000만 원 정도는 가져가야지.'

장사가 곧잘 되던 20평짜리 스파게티집을 정리하고 거기에 대출을 조금 받아 40평짜리 중식 레스토랑을 차렸다. 인테리어도 꽤 고급스럽게 해놓았다. 게다가 그 동네에는 다른 중식 레스토랑이 없었으니 성공을 확신했다. 그러는 동안 그 상권의 빈 상가에 김밥집, 패스트푸드 매장, 브런치 카페, 우동집 등 꽤 합리적인 금액의 밥집들이 속속 들어차기 시작했다.

이 사장은 예전보다 평수도 넓고 인테리어도 예쁜 매장을 운영하면서 장사에 자신이 붙었다. 그런데 처음에는 장사가 좀 잘되는 듯하다가 어느 순간부터 장사가 안되기 시작했다. 평수가 넓어지니 임대료도 높아졌고 인건비 등 고정비와 각종 공과금도 더 늘어났다. 한 달에 가져가는 걸 계산해보니 예전 스파게티 가게 운영할 때만큼도 수익이 나오지 않았다. 왜 그런 걸까?

안 그래도 생활비가 빠듯한 젊은 엄마들이 애들 데리고 중식 레스토랑에서 9,000원짜리 삼선짬뽕을 자주 먹을 수 있을까? 처음에는 새로 생겼다고 알려져 엄마들이 모임을 열면서 한 번씩 찾아가 먹을지 모르지만, 매일 먹을 수 있는 음식은 아니어서 젊은 엄마들의 발길이 끊기기 시작한 것이다. 그러니 수익은 점점 곤두박질친 것이다.

자신이 잘해서 여태껏 돈 벌었다고 착각한 전 스파게티집 사장은 이제 이렇게 생각한다.

'아, 역시 이곳은 스파게티가 잘되는 곳이구나. 다시 스파

게티집을 해야겠다.'

그러나 이러한 생각도 문제다. 그전에는 새로 생긴 동네라 먹을 곳이 많지 않고 음식 가격도 만만해서 스파게티집이 잘된 것이다. 이젠 우동집, 김밥집, 패스트푸드 매장, 빵집, 만둣집 등 다양한 가게가 생긴 마당에 그 스파게티집이 예전만큼 잘될 수 있을까? 스파게티라는 아이템 문제가 아닌데 말이다.

다시 차린 스파게티집은 역시나 매출이 예전만큼 나질 않았다. 하지만 이미 건방져질 대로 건방져진 스파게티집 사장은 수익이 줄어드는데도 자신의 외제 차를 포기하지 않았다. 자신의 '고급진 라이프 스타일'을 버리지도 않았다. 자존심을 내세우며 예전처럼 손님한테 열심히 서비스하지도 않았고 매출이 안 나니 배달이라도 좀 하라는 주변의 조언도 무시했다. 우리는 허접한 배달 집이 아니라며 거부했다.

결과적으로, 자칭 성공을 경험한 사업가인 스파게티집 사장은 망했다. 이것저것 끌어다 쓴 대출금 갚느라 요즘 바쁠 것이다. 창피해서 이제 친구들도 못 만나러 다닐 것이다. 그리고 후에 '내가 왕년에 말이야~' 하면서 의미 없는 자랑이나 하는 루저가 되어있을 것이다.

장사, 쉽게 보면 큰코다친다. 장사 좀 잘된다고 자기가 잘한 것인 양 오만하게 굴면 더더욱 안 된다.

혁신도시 미니 상권의 특징과 분석

· 신도시 구축 시에는 공사 일하는 사람이 많다.

· 신도시 구축 이후에는 주로 젊은 신혼부부가 많이 산다.

· 젊은 신혼부부는 소소한 소비가 많고, 외식을 즐긴다.

· 대개 아이들이 어리다.

※ 분석: 신도시 구축 시에는 설렁탕, 순댓국, 칼국수 등 공사 일꾼이 서둘러 먹을 수 있고, 그들 취향에 맞는 구수한 음식들이 장사가 잘된다. 신도시 구축 이후에는 젊은 부부와 어린아이가 많아 젊은 가족이 함께 먹을 수 있는 캐주얼 음식이나 패스트푸드 등의 먹거리 장사가 잘된다.

창플지기의 컨설팅

이런 사람들이 은근히 많습니다.

신도시나 새로 생긴 아파트 단지 주변은 상권으로 따졌을 때 수요가 많은 상권이 아닙니다. 오피스라든지 집객 시설인 백화점이나 쇼핑몰, 영화관 같은 장소들이 없어서 그 동네 거주 수요만으로 돈을 벌어야 합니다.

이처럼 매출의 한계가 있는 곳이라서 장사 좀 크게 하는 일명 프로들은 잘 들어오지 않는 곳이죠. 프로가 많이 없어서 장사 초보들도 소소하게 먹고살 수 있는 환경이 갖춰진 겁니다. 입주 초기에는 수요가 많은데 가게가 별로 없다 보니까 큰 노력 없이도 장사가 잘되는 곳이 많습니다. 그런데 직장 생활하다가 퇴직하고 처음 창업한 초보 창업자들은 자기가 잘해서 잘된 줄 압니다.

특히 직장인이었다가 원천징수 당하고 기껏해야 한 달 몇백 받아서 생활하던 사람들이 하루에도 수십만 원 매출이 일어나고 통장에는 수백만 원에서 천만 원 단위까지 왔다 갔다 하니 이게 내 돈인지, 줘야 할 돈인지, 나중에 세금으로 나가야 할 돈인지 모르고 소비하기 시작합니다.

장사라는 게 앞에서만 보면 번 것 같아도 사실 뒤로 까지는 일이 많습니다. 초보자들은 그런 개념조차 정립이 안 된 경우가 많죠. 그런데 남에게 보이는 거 신경 쓰면서 차 바꾸고 골프 치면서 낭비하면, 그건 이미 장사 좋 친 겁니다.

창업을 처음 시작한다는 건 그저 창업 시장에 막내로 입문한다는 걸 의미합니다. 그저 나의 신분이 일반인에서 자영업자로 바뀐다는 걸 의미할 뿐입니다.

그 점을 꼭 기억했으면 합니다.

요즘처럼 예비 창업자들 사이에 '가성비'라는 말이 일상화된 시기가 있었나 할 정도로 가성비 열풍이 불고 있다. 가성비 정도에서 끝이 아니라 가격이 저렴하면서도 맛이나 서비스 질을 높여 고객의 마음을 울려야 한다는 압박이 있다. '가성비가 안 좋으면 장사는 접어야 하나'라는 생각이 들 정도로 요즘은 창업자들 사이에서 밑도 끝도 없이 가성비 경쟁을 하는 듯하다.

> 가성비價性比?
>
> 가성비는 가격 대비 성능價格對比性能의 줄임말이다. 소비자나 고객이 낸 가격보다 상품이나 서비스의 질이 소비자에게 얼마나 큰 효용을 주는지 나타내는 말이다. 그러므로 '가성비가 좋다'라는 말은 소비자가 낸 가격보다 상품이나 서비스의 질이 좋다는 의미이다.

가성비 좋은 음식을 팔기 위한 조건은 여러 가지 있는데, 그 설명은 얼마 전 일본에서 요리를 배워와서 일본식 덮밥인 규동을 5,500원에 팔려고 하는 예비 창업자의 이야기로 대신하겠다. 부디 가성비를 맹신하는 독자에게 조금은 다른 시각으로 볼 기회가 되었으면 한다.

일본에서 4년 동안 규동집에서 정직원으로 근무하여 규동 요리에 대해 나름대로 자부심을 가지고 귀국해, 월세가 낮은 곳에서 10평대의 가게를 얻고 고기도 넉넉하게 주면서 가성비 좋게 규동을 판매하려는 착한 초보 창업자가 여기에 있다.

일본식 덮밥, 규동. 우선 규동이라는 메뉴를 생각하지 말고, 단가를 한번 생각해보자. 그 초보 창업자가 책정한 규동 한 그릇의 가격은 5,500원이다.

나는 현재 실평수 60평짜리 커피숍을 운영하고 있는데, 제일 싼 아메리카노 한 잔을 4,500원에 판다. 주스는 5,500~6,500원이다. 커피숍은 그나마 아침부터 밤까지 꾸준히 손님이 들어오는데, 밥집은 일단 밥시간에만 손님이 찬다.

물론 내가 운영하는 매장은 평수가 넓다 보니 월세를 500만 원 정도 낸다지만, 그래도 그 작은 단가로 충분한 매출을 올리려면 굉장히 힘들다. 그 정도 단가로 하루 매출 100만 원은 정말 쉽지 않은 일이다. 단순히 계산했을 때, 5,000원짜리를 열 명이 먹으면 5만 원, 100명이 먹으면 50만 원이다. 그러니까 200명이 먹어야 100만 원이 나온다.

그래서 하루 100만 원어치는 팔아야 버티겠다고 생각하여 온갖 이벤트를 기획하고 판매 루트를 다양화해야만 했다.

커피와 샌드위치 배달을 시작했는데, 샌드위치는 단체 배달 주문까지 받아서 홀 판매만이 아닌 테이크 아웃Take Out과 배달 비율을 높이는 데 주력했다.

10평대 규동 파는 매장의 좌석 수가 20개라고 해보자. 20개 좌석을 가득 채워봐야 매출 10만 원이다. 좌석을 세 사이클 완전히 가득 채우고 사이드 메뉴인 튀김도 어느 정도 판매하더라도 40만 원 매출이 나오지 않는다.

대중적인 음식인 김밥이나 도시락 같은 것만 해도 배달이나 테이크 아웃, 단체 주문 등으로 판매 루트를 다양화할 수 있지만, 규동이라는 건 사실 한식이나 분식보다 대중적인 음식이 아니어서 다른 판매 방향을 계획하기가 힘들다.

맛이 아무리 좋아도 재방문을 통해서 단골을 확보하고 신규 고객이 꾸준히 유입해야만 버틸 수 있다. 사실 업종에 따라서 세우는 전략이 다르다. 제과, 제빵 전문 프랜차이즈인 '파○바게뜨'는 전국에 약 3,000개 이상 매장이 있다. 그 이유는 주변에 1,000세대 정도만 잡혀도 입점을 하기 때문이다. '국○나무'나 '미○야'는 전국에 300~500개 매장이 있는데, 세대수가 최소 3,000~5,000세대는 잡혀야 입점을 한다.

샤부샤부 브랜드 '채○당'은 전국에 400개 매장이 있는데, 1.5㎞ 반경에 있는 사람들을 상대로 장사한다. 대략 15,000세대에서 30,000세대를 상대하는 것이다. 이○트가 구 단위 상권 50,000세대를 상대로 해서 전국에 100개 언저리 매장

을 보유한 것이고, 이○트 에브○데이는 동 단위 상권 5,000~
10,000세대를 상대로 해서 이마트보다 훨씬 매장 수가 많은
것이다.

그렇다면, 규동은 몇 세대를 상대로 해야 하고 누구를 타
깃으로 해야 할까?

한번 맛보면 다들 다시 먹으러 올 것이라는 생각은 뒤로하
고, 도대체 한 끼 식사를 규동으로 먹을 만한 사람이 누구인
지부터 생각해야 한다. 아무리 맛있어도 새로운 맛에 둔감하
여 새로운 것을 잘 받아들이지 않고 평생 가던 곳만 가는 사
람들에게는 새로운 음식이라는 장점이 통하지 않는다.

그렇다면, 새로운 것을 잘 받아들이고 그 맛의 미묘한 차
이를 알 수 있는 사람들이 드나드는 상권, 조금 앞서가는 상
권에 들어가야 한다. 일본도 자주 왔다 갔다 하고 어지간한
일본 음식도 이미 먹어봐서 맛이나 모양을 잘 아는 사람들이
모이는 상권 말이다.

무조건 사람들 붐비는 곳이 최고는 아니다. 같은 핫 플레
이스라도 압구정동과 강남역은 다르다. 압구정동은 주변이
어떤지 잘 아는 진짜 강남 입맛들이 오는 곳이고, 강남역은
수도권 이곳저곳, 안양, 성남, 평촌, 의왕 등 지역을 잘 몰라
도 그냥 찾아오는 입맛들이 찾는 곳이다. 실제로 외국 브랜
드 중에서 한국 진출할 때 강남역부터 들어왔다가 그냥 두손
두발 들고 집에 간 데도 많다.

일단 맛에 관해 확실한 자부심이 있다면, 대형 상권으로 가는 게 맞다. 다만, 이제 막 떠오르는 핫 플레이스보다는 전통적으로 사람들이 몰리는 큰 상권으로 가는 게 나을 것이다. 사실 핫 플레이스라는 곳들이 전통적인 대형 상권에서 파생된 곳이다. 홍대 상권이 넓어지면서 그 옆에 연남동, 상수동 상권이 생긴 것이고 더 넓어져 망리단길이 생긴 것이다. 이태원 상권이 넓어지면서 그 옆 경리단길이 생긴 것이고 신사동 상권이 넓어지면서 가로수길이 생긴 것이며, 뒤로 또 세로수길이 생긴 것이다.

신흥 상권의 형성

· 홍대 상권 → 연남동, 상수동 상권 → 망리단길
· 이태원 상권 → 경리단길
· 신사동 상권 → 가로수길 → 세로수길

상권이 넓어진 이유는 간단하다. 메인 상권보다 임대료가 싸니까, 권리금도 없으니까, SNS가 발달하면서 사람들에게 알려져 많은 이가 찾아올 수 있었으니까. 다만, 좋은 상권의 좋은 자리는 정말 비싸다. 권리금이나 임대료, 모두 다른 지역보다 비쌀 테니, 좋은 상권으로 가되 골목 안쪽으로 조금 들어간 곳을 추천한다.

　여기서 중요한 건 골목으로는 가되 찾아오기는 쉬워야 한다는 것이다. 예를 들어, 지하철을 내려서 걸어오는 거리는 짧아야 한다. 가게 자리가 사람들한테 잘 보이더라도 어설프게 역에서 거리가 먼 곳에 들어가지 말고 어차피 찾아서 와야 하는 거리라면 골목이라 하더라도 역에서 가까운 곳이어야 한다.

　잠실 상권에서 확장된 곳 중에, '송리단길'이 있다. 직접 가보면 골목 상권이지만, 중요한 건 석촌역부터 걸어서 금방 찾아갈 수 있다는 것이다. 이태원역과 녹사평역 옆에 경리단길이 있고, 신사역에서 가까운 곳에 가로수길이 있다. 연남동, 상수동, 망원동 상권 모두 골목에 가게가 있지만, 어쨌든 지하철역에서 걸어오기 편하다. 역에서 멀면, 찾아오는 사람이 힘들어 방문하기 꺼려진다.

　그리고 월세가 낮아야지만 버틸 수 있다. 월세가 낮은 곳을 찾아야 한다. 그다음이 단가다.

　파는 사람 마음은 이해한다. 원가 절감해서 부담 없이 즐기게 하고 싶다는 그런 마음. 그런데 그런 상권에 놀러 오는 사람들은 외식을 하러 오는 거지, 평식을 하러 오는 게 아니다. 오래간만에 가서 먹는 음식은 '외식', 평소에 늘 동네에서 먹는 음식은 '평식'이라고 한다.

　정말 맛있는 규동을 5,000원에 판다고 해서 타깃 고객이 기꺼이 방문하지는 않는다. 예를 들어, 데이트하러 온 커플이 한

번 먹는데 둘이 합쳐 11,000원짜리를 먹었다고 '아, 싸게 잘 먹었다'라며 만족하진 않는다. 그래도 외식인데, SNS에 올릴 만큼 비주얼 좋고 푸짐하게 준다면 둘이 합쳐 15,000~20,000원 정도는 내고서라도 아마 많은 이가 방문할 것이다.

'외식'하러 오는 사람에게는 받을 만큼 받고, 받은 만큼 대접하는 게 맞다. 대신 '평식'하러 오는 사람에게는 그 사람 식대에 맞게 서비스해주는 게 맞다. 점심 식대가 7,000원인 회사원은 아무리 가성비 좋게 줘도 9,000원짜리를 먹지 못한다.

일단 멀리 보고, 멀더라도 방문이 쉬운 상권으로 가서 잠재적 소비자 수를 극대화한다. 한 번 먹으면 또 올 수밖에 없을 정도로 맛에 신경 써야 하는 건 당연하다. 그 사람이 재방문하지 않더라도 그 사람의 친구가 SNS 게시물을 보고 가고 싶어질 정도로 비주얼 좋게 대접한다. 골목으로 들어가 최대한 월세를 낮게 해서 혹시 모를 적자에 대비한다. 멀리서 찾아오는 사람을 위한 전략, 즉 외식 수요를 위한 전략과 자주 올 수 있는 동네 사람들을 대상으로 한 평식 수요를 위한 전략을 구분하여 짜야 한다. 안 쓰고 아끼며 다시 가게에 투자하여 최선을 다하겠다는 마음을 가진다면, 그래도 실패 가능성은 줄어들 것이다.

외식 메뉴로 작은 평수에서 장사하는 사장, 조금 쓰고 월세가 낮은 곳에서 꾸준히 장사하고 싶은 초보 창업자들에게 도움이 되는 글이었기를 바란다.

외식과 평식의 구분, 정말 중요합니다. 초보 창업자들은 그 둘의 구분에 무감각합니다. 나의 마진을 줄여서 질 좋은 음식을 가성비 좋게 대접하겠다는 마음이 나쁘다는 게 아닙니다. 외식하러 오는 사람에게는 외식 자체를 즐길 수 있도록 단가를 높여서라도 확실하게 즐기고 사진이라도 찍을 수 있게 전략을 짜야 합니다.

평식을 즐기러 오는 사람, 즉 한 끼를 때우려는 동네 사람들에게 적용할 전략을 세울 때도 무조건 가성비만 내세우기보다는 한 끼 식대에 단가를 맞추고 음식을 준비하는 게 중요합니다.

무조건 싸고 맛있으니까 우리 집으로 올 거라고 단순히 기대하기보다는 상권에 맞춘 정확한 '고객 타겟팅Customer Targeting'을 기반으로, 똑똑하게 단가를 책정하는 게 꼭 필요합니다.

만약 서민이라면, 백종원 대표의 프랜차이즈 창업하지 마라

요즘은 '백종원의 시대'라고 이야기해도 될 정도로 텔레비전만 틀면 백종원 대표가 나온다. 직접 뵙진 않았지만 백종원 대표의 이야기 하나하나 들어보면, 자영업 관련해서 직접 다양한 일을 경험한 것뿐만 아니라 공부를 엄청나게 많이 한 분인 듯하다. 살인적인 스케줄을 소화하는 그 열정적인 모습을 보면 뭔가 사명감을 가지고 자영업자들을 위해 열심히 뛰어다니는 듯도 하다. 백종원 대표는 많은 사람의 롤 모델이 될 만한 큰 뜻이 있는 사업가라는 생각이 든다.

그런데 분명히 알아야 할 건 백종원 대표는 그저 평론가나 요리 연구가가 아니라 자신의 업을 직접 운영하는 현직 프랜차이즈 업체 대표라는 것이다. 백종원 대표가 나오는 프로를 보는 시청자로서의 시각과 백종원 대표가 운영하는 브랜드로 창업하려는 예비 창업자로서의 시각은 완전히 달라야 한다.

백종원 대표의 음식점에 대한 철학은 어찌 보면 굉장히 단순하다. '우선 음식은 대중적으로 맛이 있어야 한다. 그리고 고객은 좋은 재료를 사용한 맛있는 음식을 부담 없는 가격에 즐길 수 있어야 한다. 다른 곳보다 마진을 많이 남기지

않고 많이 팔아서 이윤을 남겨야 한다.' 이것이 그의 음식점 운영 철학이다.

그래서 백종원 대표의 프랜차이즈는 전문점이 많다. 메뉴가 적어야 신선한 재료를 바로바로 소진할 수 있고, 메뉴가 적은 만큼 전문성이 더 느껴진다. 중국 음식 브랜드도 더 전문적으로 나눈다. '짜장 전문 마카오반점', '짬뽕 전문 홍콩반점', 이런 식이다. 다른 메뉴 없이 짬뽕 하나만 계속해서 만들어내니 자연스럽게 빨리 숙달이 되고, 빠르게 숙달되는 만큼 수준 높은 음식을 손님에게 대접할 수 있다.

물론, 숙달만 된다고 맛있는 건 아니다. 그에 걸맞은 맛의 핵심인 양념과 소스가 맛있어야 하는데, 그것은 백종원 대표의 전문 분야니까 넘어가기로 하겠다. 또한, 메뉴가 전문적이니 한정된 식재료를 대량으로 구매할 수 있어서 상대적으로 식재료 원가를 낮출 수가 있다. 식재료 원가를 낮추고 가맹점 마진 체계를 또 낮추니 시장 파괴와도 같은 가격이 나오는 것이다. 전에 '홍콩반점'에서 고기를 듬뿍 넣은 짬뽕을 4,000원에 팔았던 것이나 '본가'에서 차돌박이 듬뿍 들어간 된장찌개를 5,000원에 팔았던 것처럼 말이다. 현재 '빽다방'은 커피를 1,500원에 팔고 있다.

그리고 결정적으로 꼭 알아야 할 건, 각 메뉴 전문점이 들어가야 할 바로 그 위치에 입점한다는 것이다. 바로 상권과 입지가 최고인 곳으로 들어간다. 백종원 대표의 프랜차이즈 매장은 많이 팔아야 한다. 단가가 낮아 마진이 적기 때문이다. 그게 바로 박리다매니까.

몇 년 전, '더본코리아' 점포 개발팀을 만난 일이 있다. 고깃집을 찾았었는데, 기본적으로 이 사람들은 일 매출 200만 원이 안 나올 자리면 처음부터 검토하지 않는다. 일 매출 최소 200만 원은 올려야 박리다매를 통해 점주의 수익이 보장되기 때문이다. 손님들은 좋은 음식을 부담 없이 먹으니 자주 오게 되고 가맹점들은 지속해서 테이블이 가득하니 설령 마진이 적더라도 안정적으로 수익을 가져갈 수 있다. 그런데 상권과 입지가 최고인 곳은 대개 권리금과 임대료가 높다.

일반인과 예비 창업자들이 좀 착각하는 점이 있다. 백종원 대표가 서민도 부담 없이 먹을 수 있는 음식을 개발하고 그 음식으로 장사를 하니 백종원 대표의 가맹점을 서민인 나도 할 수 있다고 생각하는 것이다. 하루에 200만 원 매출이 나올 수 있는 자리에 가게를 얻으려면, 얼마나 비용이 들지 생각해 본 적 있는가?

몇 년 전, 그 당시 백종원 대표의 프랜차이즈 브랜드가 입점한 자리는 실평수 30평에 보증금 5,000만 원, 월세가 400만 원이었고, 결정적으로 권리금이 2억 원이었다. 물론 누가 봐도 좋은 자리였다. 흔한 말로, 막걸리 파전을 팔아도 될 만한 자리 말이다.

가게를 얻는 데만 보증금과 권리금 합해서 2억 5,000만 원, 시설 꾸미는 데만 1억 5,000만 원, 협상을 통해 권리금을 조정했다고 해도 이것저것 합하면 총 4억 원 정도는 투자해야 하는 가게였다.

그 정도 투자하고 그런 자리에서 장사를 해야 '백종원 프랜차이즈 브랜드의 공식'에 맞춰 안정적인 수익을 가져간다. 그래서 더본코리아 점포 개발팀은 하루 매출 200만 원 이상 나올 자리만 찾았던 것이다.

이 글을 읽는 당신은 투자금 4억 원을 투자할 수 있는 예비 창업자인가? 4억 원을 투자할 수 있는 사람은 이미 서민이 아니다. 서민 음식을 팔고 있지만, 서민이 아니다. 소자본 생계형 창업자가 아니라는 이야기이다.

백종원 대표의 프랜차이즈 브랜드 가맹점들은 박리다매로, 마진은 적더라도 안정적인 수익을 가져갈 수는 있다. 그러다가 자리를 잘 잡아서 꾸준히 그 자리에서 장사를 잘할 수도 있지만, 수익이 적어지면 문을 닫기도 한다. 모두 성공할 수는 없다. 그래도 백종원 프랜차이즈 가맹점은 완전히 망하진 않는다. 왜냐하면, 매장을 연 자리가 좋은 자리여서 권리금을 주고 누구든 다시 들어올 수 있기 때문이다. 어정쩡한 자리에 어정쩡하게 권리금 주고 들어갔다가 한 푼도 못 건진 채 나오는 사람이 수두룩한 요즘이니 그래도 권리금이라도 건져서 나올 만한 자리에 들어가는 것만으로도 다행이다.

사람들은 스타벅스 커피가 맛있다고 열광하지만, 스타벅스는 우리 커피가 맛있어서 사람들이 찾는 거라고 이야기하지 않는다. 스스로 커피 사업이 아닌 소매업이라고 규정짓고 브랜드 이미지를 높인다. 결정적으로, 그 동네에서 가장 좋은 자리에 가장 큰 규모로 들어간다. 그 자리의 수수료나 임대료가 엄청나게 높을 테니 마진은 낮을 수밖에 없다. 하지만 안정적으로 손님이 들어오니 망할 걱정 없이 안정적인 수익을 가져갈 수 있다.

> **부자의 생각 ↔ 서민의 생각**
>
> · 대박은 결코 없다는 걸 알고 근거 있는 안정적인 수익을 바라는 부자의 생각 ↔ 근거는 없지만, 나도 대박을 터트릴 수 있다고 자만하는 서민의 생각
> · 5억 원 투자해서 한 달에 500만 원 벌면 족하다는 부자의 생각 ↔ 5,000만 원 투자해서 한 달에 500만 원은 벌어야 한다는 서민의 생각

백종원 대표의 프랜차이즈 브랜드에 관해 이야기한 이유는 백종원 대표가 만든 브랜드 때문에 지난 수년 동안 서민 창업자들이 엄청나게 망했다는 걸 이야기하려는 것이다. 그러니까 만일 자신을 서민이라고 생각한다면, 절대 백종원 대

표가 만든 프랜차이즈 매장을 창업하지 말라는 말이다.

백종원 대표의 프랜차이즈 회사는 절대로 상권과 입지가 좋지 않은 곳에는 입점 자체를 하지 않으니 백종원 대표는 죄가 없다. 어차피 서민 상대로 가맹 사업을 하는 게 아니라 어느 정도 투자금이 있는 사람들을 상대로 가맹 사업을 하는 거니까. 그런데 백종원 브랜드가 창업 시장을 뒤흔들면, 그걸 노리고 있던 후속 미투 브랜드들이 일을 저지른다. 서민들을 노리는 브랜드들 말이다.

'새마을식당'이 '열탄불고기'로 히트를 치니, 어느 순간 열탄불고기 브랜드들이 마구잡이로 생겼다. '해물떡찜'이 히트를 치니, 어느 순간 다른 프랜차이즈들이 '해물떡볶이' 브랜드를 마구잡이로 만들었으며, '홍콩반점'이 히트를 치니, 어느 순간 대한민국에 짬뽕 열풍이 불었다. 짬뽕 브랜드도 마구잡이로 생겼다. '빽다방'이 히트를 치니 어느 순간 저가 커피 열풍이 불었고, 미친 듯이 저가 커피 브랜드가 생겼다.

백종원 브랜드로 창업하려고 1억 원을 가진 사람이 창업 의뢰를 하면, 바로 그 정도 돈으로는 창업이 안 된다고 이야기해준다. 최소 3억 원 이상은 투자할 수 있어야 한다고 이야기한다. 박리다매로 매출 올리려면 그 '다매'를 할 수 있는 좋은 자리에 입점해야 하고 그래서 초기 투자비가 더 들어가게 되어 최소한 그 정도 금액은 있어야 한다고 설명한다.

예를 들어, 짬뽕 전문점 좀 하려고 하는데 1억 원으로는 턱도 없다고 하면 정신 좀 차리고 자존심 상하더라도 포기하면되는데, 연일 티브이에서 짬뽕집이 대박이라고 떠들고, 이미대박을 터트렸다는 가게만 보고 다니다 보니 창업하고 싶은마음을 포기하지 못하는 게 문제다. 나도 짬뽕집을 오픈하면, 성공할 것만 같은 것이다. 근거 없는 자신감이다. 본질은짬뽕이 아니라 그 자리에 들어간 그 브랜드라는 걸 알지 못하는 것이다.

그러나 기어이 짬뽕 전문점을 창업하려고 다른 회사 문을두드린다. 그리고 미투 브랜드 사업자들은 이미 그들을 기다리며 입을 벌리고 있다. 맛과 가격은 비슷하지만, 결국 들어가지 말아야 할 자리에 매장을 차린다. 투자금 1억 원으로는권리금 줘야 하는 좋은 자리는 들어갈 수가 없으니 어쩔 수없는 일이다.

열풍 불었던 수많은 열탄불고깃집, 지금은 다 어디 갔는가? 짬뽕 전문점들 다 어디 갔는가? 해물떡볶이집 다들 어디에 숨었나? 저가 커피집들 요즘 상황 어떤지 아는가? 들어가지 말아야 할 자리에 들어가서 한 푼도 못 건지고 망한 사람이 태반이다.

부담 없는 가격으로 많이 팔아서 조금 남기는 백종원 대표의 서민 특화 브랜드들은 계속해서 나올 것이다. 그리고 그아이템은 백종원이라는 이름으로 홍보가 될 것이고 유망 아이템으로 불릴 것이다. 또 그 아이템을 따라 한 유사 브랜드가 나올 것이다. 백종원 브랜드가 포문을 열고 미투 브랜드들이 난립하는 것이다. 그리고 돈이 없는 서민 창업자들은 백종원 브랜드로는 창업하지 못하고 미투 브랜드로 몰릴 것이다. 또 들어가지 말아야 할 자리에 들어간 창업자들부터 망하게 될 것이다.

자신을 소자본 창업자라고 생각한다면, 이 점 진지하게 생각해보기를 바란다.

미투 브랜드Me-Too Brand?

일등 상표를 흉내 내서, 누구든 생각 없이 보면 본래의 브랜드와 다른 브랜드라는 것을 구분하지 못할 만큼 비슷한 브랜드를 말한다.

창플지기의 컨설팅

그야말로, 요즘은 '백종원의 시대'입니다. 이 시대의 아이콘이 외식업 시장에 미치는 영향이 대단하죠. 백종원 대표의 프랜차이즈 브랜드들을 보게 되면 사람들은 그곳에서 파는 음식과 퀄리티에 집중하지만, 사실 그 음식과 가격은 둘째 문제입니다. 어차피 '갓성비'로 무장한 음식들을 팔기 때문에 맛도 맛이지만, 맛 대비 가격에 집중해서 만든 것이죠. 그 음식들은 남녀노소 누구에게나 부담 없으면서 내가 다니는 길에 가깝게 있어야 하기에 대개 권리금이 비싸든지 임대료가 엄청 높은 곳에 들어갑니다.

그 음식이 너무나 맛있어서 손님이 가득한 것일 수도 있지만, 적당한 금액에 가성비가 높은 데다가 내가 먹기에 좋은 위치에 들어와 있어서 성공하는 이유가 더 큽니다. 초보 창업자들은 그걸 모릅니다.

백종원이라는 브랜드가 한 아이템을 히트시키면, 곧이어 미투 브랜드가 등장하게 됩니다. 지난 15년 동안 계속 그래왔습니다. 이걸 소비자 입장에서 생각하지 말고 사업가 입장에서 생각해봅시다. 백종원 대표의 프랜차이즈 브랜드가 짬뽕 가게를 대박으로 만들어놓으면 짬뽕 창업 수요자가 생기게 되니, 자연스럽게 비슷한 짬뽕 브랜드를 만들어놓고 눈먼 창업자를 기다리면 낙수효과로 창업자들이 밀려 들어와 미투 브랜드도 성장하게 됩니다.

백종원 대표의 프랜차이즈 브랜드는 백종원을 내세운 기업

이미지가 있어서 아무 곳에나 들어가지 않습니다. 충분히 테스트 매장을 돌려가면서 최대한 리스크를 줄이기 위해 노력합니다. 하지만 미투 브랜드는 브랜드 이미지도 없고, 나중에 잘되지 않으면 브랜드 자체를 없애버릴 작정까지 합니다. 그런 상황까지 가면, 그 피해는 고스란히 창업자들이 지어야 합니다.

백종원 대표의 브랜드가 '창업 대박'이라고 홍보해주니 따로 홍보비를 많이 쓸 필요도 없고, 창업자들 눈에 좀 있어 보이게 포장만 잘하면 초보 창업자들은 걸려들게 됩니다. 한술 더 떠서 '백종원 브랜드는 너무 비싸고 폭리를 취하니까 우리 브랜드로 창업하는 게 합리적'이라고 이야기하며 예비 창업자들을 유혹합니다.

백종원 대표의 프랜차이즈 브랜드는 가맹 사업을 개시하기 전에 많은 시간을 들여 자료를 수집하고 메뉴를 개발합니다. 끊임없이 비용을 들여가며 브랜드를 만들고 가맹 사업 전에 테스트 매장을 먼저 운영합니다. 그리고 오랜 시간 인력과 돈을 들여가며 브랜드를 구축합니다. 단순히 직원 몇 명 데리고 있는 회사들하고는 차원이 다른 고정비가 들어갑니다. 이처럼 브랜드를 만드는 데 미투 브랜드보다 훨씬 투자금을 많이 들이는 기업인만큼 정당한 이윤을 추구하는 건 당연합니다.

그다음엔 적정한 이윤을 집어넣어 창업 비용과 로열티를 책정하고 투자자들은 그걸 보고 소요하는 내 돈에 대비해서 합리적이라고 판단되면, 가맹점을 창업하고 아니면 창업하지 않으면 됩니다. 그 선택의 잘잘못은 개개인의 영역이죠.

그런데 미투 브랜드는 그런 합리적인 판단력과 투자금이 없는 초보 창업자들을 대상으로 의도적으로 걸려들게 해서 자신들만 수익을 보고 치고 빠지는 전략을 취하다 보니 문제인 것입니다.

창업하려는 아이템의 질이나 브랜드 인지도를 떠나서 자신이 운영하려는 매장의 임대료나 권리금, 수수료 수준이 얼마인지 가게 자리의 가치부터 먼저 확인하기를 바랍니다.

내일,
가게 문
닫겠습니다

초보 자영업자가 섣불리
접근하는 시설업

Menu 05

대한민국 어느 신도시 여성 전용 헬스장.

부부가 직장생활로, 뼈 빠지게 일해서 모은 돈 7,000만 원
에 대출 5,000만 원, 합해서 총 1억 2,000만 원을 투자했다.

사례의 실평수 40평, 헬스장 창업 비용

보증금
3,000만 원(월세: 200만 원)

헬스 기구 포함 시설비
8,000만 원

시설비 외 비용
1,000만 원

총 1억 2,000만 원

그러나 2년 만에 적자. 권리금 일부라도 건지려고 1년 동
안 적자를 감수하면서 유지하려 했지만, 빚이 빚을 낳는 상
황에 권리금이고 뭐고 3년 만에 백기 투항. 망해서 나감에도
불구하고 남은 계약 기간 3개월 월세와 원상 복구 철거비,
기타 세금 및 직원들 4대 보험 처리로 1,000만 원 정도 비용
추가 발생.

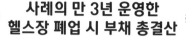

사례의 만 3년 운영한 헬스장 폐업 시 부채 총결산

₩ 초기 대출금 5,000만 원
추가 대출금 2,000만 원

폐업 시 추가 비용
1,000만 원

최종 부채 = 총 8,000만 원

안타깝지만, 얼마 전 목격한 문 닫은 헬스장의 실제 최종 상황이다.

망한 헬스장의 사장은 이자라도 갚으려면, 당장 일을 해야 했다. 가슴속에 무언가 응어리를 가진 채 재취업했다. 이제 다시 창업하겠다는 희망을 품긴 아무래도 어려울 것이다.

'경험적 소매업.'

어느 책인지 기억은 잘 나지 않는데 몇 년 전에 경험적 소매업이라는 용어를 처음 접했다. 단순히 소매업이라고 하면 개인 고객에게 직접 상품을 판매하는 일반 가게나 온라인 쇼핑몰, 그리고 대형 마트도 포함하는데, 온라인으로는 운영할 수 없고 경험을 통해서만 매출이 일어나는 업종을 '경험적 소매업'이라 한다. 이 경험적 소매업의 범주에는 헬스장, 독서실, 만화방, 피시방, 키즈카페 등을 들 수 있다.

경험적 소매업의 특징 중 하나는 시설을 꾸미고 그 시설로 이익을 얻는 시설 사업이기에 초기 투자비가 다른 것보다 상대적으로 많이 들어가지만, 특별한 경쟁자가 없다면 한 번의 시설 구축으로 다른 업종보다 힘을 덜 들이면서 비교적 꾸준하게 안정적인 수입을 가져갈 수 있다는 것이다. '특별한 경쟁자가 없을 때', 이것이 핵심이다. '일단 경쟁자가 나타나면 나눠 먹어야 한다.' 이렇게 정의를 내릴 수 있다.

예전에 알던 어느 피시방 프랜차이즈 영업 사원이 피시방 입지를 고를 때 우스갯소리로 하던 말이 있었다. 낡은 인테리어의 30~40평 정도 되는 작은 피시방이 서너 개 몰려있는 장소 사이에 최신 인테리어로 꾸민 100평 정도 하는 피시방 하나 오픈하면 무조건 대박 난다고. 피시방 프랜차이즈 업체는 이미 영업 중인 곳 중 장사 잘되는 조그만 피시방들을 창업자들에게 먼저 보여주어 수요가 확실하다는 것을 드러낸다. 같은 이용료에 규모도 크고 인테리어도 깨끗한 데다 피시 사양이 좋으니, 손님이 우리 쪽으로 올 수밖에 없다고 설명한다. 그러면, 대부분 이해하고 계약을 체결한다.

실제로 그렇게 해서 기존 개인 피시방들이 모두 사라지고 프랜차이즈 대형 피시방들이 그 자리를 대신하게 되었다. 그리고 지금은 분식집 뺨치게 먹거리 서비스를 제공하여 그 규모를 넘어 다른 업종을 위협하게 되었다. 게다가 자동 계산 방식 등 첨단 편의 기능을 탑재하면서, 경험적 소매업으로서의 피시방은 지금도 진화 중이다. 만화방이 프리미엄 만화카페가 되었고 동네 음침한 독서실이 깔끔한 카페 풍의 프리미엄 독서실이 되었으며, 동네 '방방장'을 프리미엄 키즈카페가 대신하게 된 것도 같은 맥락이다.

다시 앞서 이야기한 헬스장으로 돌아가서, 창업했을 때는 월 순수익 400~500만 원 정도로 수익이 꽤 괜찮았던 헬스장이었다. 신도시였기에 고객 중 젊은 주부가 많았고 운동할 곳이 적어서 고객을 끌어당길 만했다. 도시가 발달할수록 아파트가 증가하여 인구가 더 늘어나니 운동 수요는 점점 더 늘고 손님도 더 늘어날 것으로 생각했지만, 안타깝게도 먼저 자리 잡은 기존 헬스장은 새로 입점할 헬스장의 타깃이 될 뿐이었다.

새로운 헬스장은 기존 헬스장을 이기기 위해 더 넓은 평수에 깔끔한 최신 인테리어로 먼저 눈길을 끌었다. 넉넉한 주차 공간을 확보하여 더 먼 곳에 사는 손님들도 접근하기 쉽게 하였고, 결정적으로 가격을 기존 헬스장과 같게 책정했다. 기존에 이 헬스장을 다니던 고객들은 이제 그곳을 다닐 이유가 없어진 것이다.

평수가 크다는 것은 기구들이 더 많아서 운동기구 선택의 폭이 넓다는 것을 의미한다. 인테리어가 더 예쁜 곳에 끌리는 것은 사람의 본능이다. 게다가 주차하기 편한 주차타워까지 갖춰놓았다면, 금상첨화일 것이다. 아무리 가까운 곳이라도 좁은 주차장으로 스트레스받기보다는 5분 더 가더라도 주차하기 편한 곳을 선호하는 게 소비자의 마음이다. 가격까지 같은데 전반적인 모든 면에서 앞선다면, 무조건 기존 헬스장이 질 수밖에 없다.

창업자들이 흔히 범하는 실수 중 가장 걱정스러운 것은 사업 시작 전에는 상권 파악을 아주 열심히 하다가도 매장을 오픈하고 나서는 상권이나 경쟁업체 분석을 전혀 안 하는 것이다. 매장 안에서만 노력하려 하고 열심히 하고 있다는 자기 위안으로 삼으면서 막연히 잘되리라는 허황한 생각을 한다.

경쟁자가 같은 상권에 들어오면, 상권 재분석 후 경쟁업체를 분석하고 현재 나의 상태도 정확히 알아야 그 뒤 확실히 대처할 수 있다. 어떤 독특한 서비스를 제공하여 경쟁업체와의 차별화를 꾀할 건지, 특히 경험적 소매업을 영위하는 사장이라면 고민을 멈추지 않아야 한다.

우선 상대방보다 나의 장점에 주목해야 한다. 예를 들어, 앞서 이야기한 헬스장을 다시 살펴보자. 이 집의 장점은 무엇인가?

우선 규모도 작고 낡은 건물인데다 좋은 자리가 아니기에 상대방보다 임대료가 저렴하다. 임대료가 저렴하여 고정비가 낮다면 1차로 가격 할인을 생각할 수 있지만, 장기적으로 볼 때 단편적인 가격 할인은 바람직하지 않다. 그것보다 손님이 매장에 오래 다닐 수밖에 없도록 하는 이유를 만들어야 한다. 단순히 한 달 가격을 할인해주는 것이 아니라 장기 등

록형 결제 시스템을 도입하여 상당 기간 손님을 묶어 놓는 것이다. 2달 등록하면 1달을 무료로 준다거나, 본인이 1년 등록하면 친구는 6개월 공짜로 해준다든지, 이런 식으로 장기 등록하는 고객에게 그에 상응하는 혜택을 준다.

한 번 헬스장에 등록하면, 이중으로 다른 헬스장에 등록하는 경우는 드물다. 특히 주머니 사정이 가벼운 학생들이라면, 이러한 시스템에 큰 매력을 느끼게 될 것이다. 큰 규모의 업체는 고정 비용이 많이 들어서 쉽게 따라 하지는 못할 것이다.

다른 관점에서 단점을 상쇄하는 방법을 생각해볼 수도 있다.

만약 작은 건물에 입주해 있어 주차가 불편한 매장이라면, 밤에도 영업해서 심야 운동이 가능하도록 하면 어떨까? 퇴근을 늦게 하는 지역민이라면 무조건 올 수밖에 없을 것이다. 게다가 심야에는 주차 단속이 없어서 비교적 편하게 주차할 수 있으니, 주차가 불편하다는 단점도 사라지게 된다.

이런 아이디어도 제시할 수 있다. 한쪽에 3평 정도만 떼어 따로 공간을 활용하여 아기 매트와 빔프로젝터, 간단한 주방 놀이기구를 비치하여 '키즈 공간'을 만들면 어떨까? 애들을 데리고 다니는 엄마 입장에는 매우 좋은 조건일 것이다. 오히려 규모가 작으니 애들 노는 모습도 가까이에서 볼 수 있어 더 좋을 것이다. 운동하는 동안에도 아이가 눈에 보이니 안심하면서 운동할 수 있다. 게다가 엄마가 샤워할 동안에는 헬스장 직원이 아이를 잠깐 봐준다면? 이러한 방식도 작은 규모의 단점을 오히려 장점으로 돌릴 수 있는 요소가 된다.

또한, 장사라는 건 사람이 사람을 상대하는 일이라는 걸 명심해야 한다. 사장이 직접 운동을 끝낸 회원에게 건강 차 한 잔을 건네본다. 건강을 챙기려고 하는 운동에 잘 맞는 건강 차, 이것만으로도 고객은 정을 느끼고 단골이 될 수 있다.

죽은 가게 살리는 건 정말 어려운 일이다. 하지만 망하기 전에 미리 이 정도라도 보완했다면 빚이 그렇게까지 늘지는 않았을 것이다. 이미 늦어서 안타깝지만, 한번 분석해보았다.

어차피 사람이 들어와야 돈을 버는 경험적 소매업은 반드시 매장을 손님들로 채워야 돈이 된다. 만일 내가 경험적 소매업을 경영해보겠다고 생각한다면, 최소한 이 정도 아이디어는 항상 생각하고 살아야 시간이 지나도 안정적으로 운영할 수 있다.

또 한 번 누군가 망하는 모습을 봐야 해서 마음이 아프지만, 이 사례가 여러분에게 교훈이 되어 똑같은 우를 범하지 않았으면 한다.

보통 초보 창업자들은 창업 아이템을 정할 때 자신이 하기에 좀 쉬워 보이는 아이템을 찾습니다. 그중의 대표적인 게 경험적 소매업으로, 앞서 소개한 시설업들이죠.

시설을 구축해놓고 그 시설로 돈을 버는 형태라서 일 자체는 엄청 쉽게 느껴지지만, 그만큼 주인이 서비스해줄 수 있는 차별점이 크지 않아서 경쟁자가 들어오면 바로 폭삭 망하는 경우가 많습니다.

그런데 그렇게 경쟁자가 들어온다고 다 망하진 않습니다. 처음에 열심히 상권, 입지, 경쟁업체 분석했던 것처럼 사업을 시작하고 매장을 오픈한 후에도 지속해서 분석하여 틈새 전략을 세워 오랜 시간 이기는 장사를 하는 분도 많습니다.

결국, 어떤 사업이든 마찬가지겠지만 쉬운 일도, 영원한 일인자도 없습니다. 주어진 상황 속에서 끊임없이 스스로 진화를 거듭해야만 살아남을 수 있습니다.

보통 초보 창업자들은 창업 아이템을 알아볼 때 장사하는 게 힘든 일이다 보니 좀 더 손쉽게 운영할 수 있는 창업 아이템을 찾게 된다. 경험이 없다 보니 조금이라도 덜 힘든 아이템으로 창업하기 마련이다. 그러다 보면 대개 선택하는 창업 아이템이 몇 개 있는데, 그중 대표적인 것이 시설업이다.

시설업이라는 건 일정한 시설을 구축해놓고 그 시설로 돈을 버는 사업이다. 피시를 가져다 놓고 돈을 버는 피시방, 만화책으로 돈을 버는 만화카페, 독서실처럼 책상과 의자를 놓고 공부할 공간으로 돈을 버는 스터디카페가 이에 해당한다.

헬스장, 키즈카페, 안마의자 가져다 놓은 힐링카페도 시설업이다. 이런 시설업이 무척 매력적으로 느껴지긴 하지만, 사실 가만히 생각해보면 서비스의 차별화를 기하는 게 어려워서 쉽게 운영할 수 있는 사업은 아니다. 피시는 어디든 다 거기서 거기고, 만화책도 어디나 다 비슷하다. 독서실이나 헬스장도 그렇고 힐링카페도 마찬가지다. 대부분은 비슷한 시설과 장비를 가져다 놓고 비슷한 서비스를 제공한다. 그렇다 보니 일은 쉬울지 모르지만, 경쟁업체가 생기거나 유행이 지나게 되면 급격하게 무너지는 경우가 많다.

이번에는 나름 소자본으로 조그맣게 창업할 수 있어 시설업 중에서도 가장 인기 많은 빨래방에 관해서 이야기해보려고 한다.

요즘 시대를 사는 소비자 입장에서 보면, 빨래방은 꼭 필요한 공간이다. 기본적으로, 세탁이라고 하는 건 경기가 좋든 안 좋든 꼭 해야 하는 일이다. 많은 빨래를 한 번에 짧은 시간 안에 해주는데, 저렴하기까지 하니 이렇게 좋을 수가 없다. 게다가 요즘 기계들이 좋아서 구김 없이 건조도 깔끔히 해준다. 특히 미세먼지가 많은 시기에 빨래부터 건조까지 대량으로 한 번에 깨끗하게 해주니 얼마나 좋은가. 그러므로 빨래방 창업은 충분히 강점이 있는 게 사실이다.

인건비가 비싼 요즘, 사람을 쓰지 않아도 되니 인건비 부담도 없고 특별한 노하우 없이 기계만 들여다 놓으면 운영이 가능해서 누구나 창업하기에 굉장히 만만한 아이템이다. 게다가 무인 시스템으로 운영할 수 있어서 노동 강도가 매우 낮고 큰 기술 없어도 되니 초보 창업자들이 보기에 충분히 해볼 만해 보일 것이다.

그러면 이처럼 사업성 좋은 빨래방을 창업할 때 조심해야 할 건 무엇이 있을까?

첫째, 도대체 이 빨래방 프랜차이즈 회사가 무엇으로 먹고

사는 회사인지 파악하는 것이다.

초보 창업자들이 창업 아이템을 알아보고 브랜드를 알아볼 때 놓치고 생각하지 못하는 것이 있다. 그것은 자신이 창업하려는 프랜차이즈 회사가 무엇으로 먹고사는지 파악하지 않는 것이다. 사실상 그것이 가장 기본적인 판단의 기준인데도 말이다.

빨래방 프랜차이즈 사업은 기자재 판매 사업이다. 빨래방에 들어가는 기계를 팔아먹는 사업이라는 의미이다. 치킨 프랜차이즈 회사처럼 매일 치킨을 납품하는 것도 아니고, 편의점처럼 매일 상품에 마진 붙여서 집어넣는 것도 아니다. 피자집처럼 매일 피자 생지나 치즈를 공급할 일도 없다. 창업자와 계약하고 매장을 오픈하면, 그 뒤에 빨래방 프랜차이즈 본사가 가져갈 만한 수익이 별로 없다는 의미이다. 세제를 팔아먹을 것도 아니고 평수가 넓지도 않으니 인테리어 공사로 먹을 것도 없다. 그저 초기에 기계만 팔면 더 이상 먹을 게 없는 셈이다. 그래서 실제로 빨래방 사업을 프랜차이즈 사업화하기가 쉽지 않다.

매장 오픈 후 특별히 관리할 게 있어야 로열티도 받고 슈퍼바이저를 가동해서 관리비를 받는데, 그런 걸 할 일도 없다. 최근에 프랜차이즈 회사로 인정받아서 로열티도 받고 창업 비용도 좀 더 받으려고 콜센터를 두거나 직원들에게 매장을 돌게 하는 브랜드도 생기긴 했지만, 어쨌든 주력은 기자재 판매 사업이다.

그런데 이 기자재 판매 사업이라는 게 리스크가 있다는 걸 예비 창업자들은 알아야 한다. 예를 들어, 핸드폰이 처음 출시되었을 때는 가격이 비싸다. 그러다 새로운 기종이 출시되면, 기계 값은 급속하게 떨어진다. 지금은 기능이 우수한 산업용 모터를 달고 돌리는 최신 세탁기, 건조기이지만, 내년만 되어도 더욱 뛰어난 기계가 출시될 가능성이 높다. 기자재를 파는 입장에서도 신제품이 출시되었으니까 지금이 가장 수익성 높게 판매할 수 있는 시점이다. 시간이 지나면 경쟁업체들도 신제품을 출시해 가격을 내려야 해서 마진 높게 가져갈 수 없게 된다. 그리고 처음에는 단가가 공개되지 않게 하면서 총판의 수익을 보장한다.

여기에 최신 오븐을 생산한 회사가 있다고 해보자. 최신 성능의 오븐을 처음부터 인터넷 등에서 전 국민을 상대로 판매하지 않는다. 일단 그 오븐을 유통하는 사업자에게 공급하고 그 유통업자는 내가 공급한 오븐을 총판에 넘긴다. 총판도 마진 붙여서 먹고살 만한 가격 체계를 세운다.

공장에서 원가가 200만 원인 기기를 총판이나 프랜차이즈 업체에 400~500만 원에 팔면, 프랜차이즈나 총판은 각 매장에 1,000만 원 정도에 판매한다. 프랜차이즈 회사도 한 대당 500~600만 원, 한 매장당 3,000만 원 정도 수익은 나와야 회사 운영도 하고 직원 월급도 줄 수 있을 것이다. 그리고 인터넷 홍보나 영업도 할 수 있다. 그렇게 회사 운영하는 돈은 당연히 가맹 계약을 달성해서 그 수익으로 나온 돈으로 하는 것이다. 이들이 악덕 회사라는 말이 아니다. 이는 정상적인 기업 이윤 창출 활동이라는 의미이다.

그리고 중간 총판이나 프랜차이즈 업체에 많이 팔아먹어서 충분히 자신들이 정한 매출을 달성했을 때 인터넷 등에 500만 원 정도로 일반인에게 공급한다. 초기 마케팅을 위해 바겐세일까지 하면 작년까지 1,000만 원에 판매되던 기기가 300만 원에 판매되는 상황도 벌어질 수 있다.

그렇게 되면, 처음에 1,000만 원 주고 산 사람은 갑자기 500만 원 이상 손해 보는 셈이다. 감가가 서서히 몇 년에 걸쳐 일어나는 게 아니라 어느 순간 갑자기 이뤄지니 그 타이밍에 따라서 같은 창업자들 간에도 희비가 갈릴 수 있다. 이처럼 기계 팔아먹어서 수익을 보는 회사에 눈퉁이 안 맞으려면, 어떻게 해야 할까?

> ### 어떤 기기의 가격 변화
>
> 기기 원가 200만 원 → 총판 등 400~500만 원에 구매 → 각 매장 1,000만 원에 구매 → 총판 인터넷으로 일반인에게 500만 원에 판매 → 총판 등 1년 후 바겐세일로 300만 원에 판매

일단, 성능 대비 기기 가격이 가장 싸고, 빨리 투자금을 회수할 수 있는 브랜드로 선택해야 한다. 무조건 기계가 싸질 때까지 기다리느냐 아니면 비싸더라도 최신 기계를 구매해 빨리 장사를 시작해서 투자금을 서둘러 뽑느냐, 충분히 고민해야 한다. 관리해준다는 어설픈 소리에 넘어가지 않길 바란다. 초기 비용을 더 많이 내고 로열티도 매월 추가로 지출해야 하면, 투자 비용 회수하는 데 엄청나게 오래 걸린다. 결국, 큰 손해를 볼 수도 있다.

두 번째는 과연 내가 빨래방을 창업해서 1년 안에 투자금을 회수할 수 있는지 충분히 고민하는 것이다.

앞서 기기 가격에 관해 이야기하며 언급한 것이다. 일단 투자라는 것은 투자비를 회수한 후에야 돈을 버는 것이다. 어설프게 입점해서 첫해 1,000만 원 벌었다고 그다음 해에도, 다다음 해에도 똑같이 1,000만 원을 벌 수 있다고 장담은 못 한다. 잘되면 잘되는 대로 새로운 경쟁업체가 들어와서 나눠 먹을 것이고, 안되면 안되는 대로 투자비를 회수하는 시간은 요원해진다.

모든 시설업의 숙명은 내가 투자한 돈을 생활비로 안 쓰고 1년 안에 뽑을 수 있느냐를 체크해야 하는 것이다. 보증금 빼고 5,000만 원을 투자했다면 한 달에 최소 400만 원의 수익이 나야 하고, 보증금 빼고 7,000만 원을 투자했다면 한 달에 최소 600만 원의 수익이 나야 1년 안에 뽑는다고 이야기할 수 있다. 아무리 못해도 1년 6개월 안에는 뽑아야 그래도 손해나는 투자는 아니라는 의미이다.

10년 동안 꾸준히 다닌 단골 목욕탕이 있다고 치자. 시설 좋고 깔끔한 찜질방이 새로 생겼는데 단골이라고 해도 일부러 10년 된 곳에 가진 않는다. 더 깨끗하고 시설도 좋은데다가 넓은 곳으로 갈 것이다. 새롭게 들어오는 빨래방은 무조건 당신이 차린 매장보다 크고 예쁘면서 최신식 시설을 갖출 것이다. 그러므로 최소 1년 안에는 투자금을 회수해야 나중에 경쟁업체가 들어오더라도 방어하고 유지할 수 있다.

세 번째, 월세가 정말 낮아야 한다.

하루에 20명이 와서 세탁하고 간다고 생각해보자. 20명이 아침부터 밤까지 일정하게 한 명씩 들어오면 좋겠지만, 세탁기는 3대 정도인데 몰리는 시간에만 몰리면 생각보다 손님들을 많이 받기도 어렵다. 주말에야 좀 더 받을 수 있겠지만, 그래도 한정적이다.

20명이 1만 원씩 쓰고 간다고 가정하면 하루 매출은 20만 원이고, 한 달 계산하면 600만 원이다. 600만 원에서 전기세, 수도세, 왔다 갔다 교통비, 밥값 등으로 200만 원을 쓴다고 하면, 나머지 400만 원이 수익인 셈이다.

여기서 월세가 100만 원이라고 하면, 수익은 300만 원이다. 300만 원이 남는다고 하면 많이 남는 듯하지만, 세금까지 내고 나면 그렇지도 않다. 일반 식당들처럼 매입 자료가 있으면 부가세를 덜 내겠지만, 원가라는 것 없이 버는 소득이라서 세금도 많이 내야 한다.

7,000원짜리 김치찌개를 판다면, 김치찌개 원재료비로 3,000원 쓴 영수증이나 계산서가 있어서 팔고 남은 차액인 4,000원에 한해 부가세를 낸다. 또 인건비라도 들어가면, 세금 낼 때 덜 낼 수 있다. 그러나 빨래방은 처음 기계 살 때만 비용을 쓰고 그다음부터는 원재료 구매 비용 거의 없는 수익이다 보니까 세금이 만만치 않다. 결국, 앞으로 벌고 뒤로 까지는 경우가 많다.

게다가 처음 투자 시 대략 보증금 포함해서 1억 원 정도 썼을 텐데, 한 푼도 안 쓰고 200만 원씩 매달 저축한다고 했을 때 1억 원을 회수하려면 대략 얼마나 걸릴까? 1년에 2,400만 원씩이니 4년은 족히 한 푼도 쓰지 않아야 회수할 수 있다.

만약, 월세가 100만 원이 아니라 200만 원, 300만 원이라면 어떨까? 이렇게 월세도 높은데 갑자기 경쟁자가 나타나서 세탁비를 1만 원이 아니라 미친 척하고 5,000원만 받는다면 어떻겠는가? 그래서 나도 어쩔 수 없이 세탁비를 낮추게 된다면, 그야말로 재앙이다.

월세가 높은 데다 1년 있다가 경쟁자 들어오고 매출 떨어져 버리면 한 푼도 못 버는 걸 넘어 따로 직장 취직해서 월급 받은 걸로 대출이자 갚으면서 살아야 할 수도 있다. 그러다 보면 장사할 이유가 없어서 접겠다는 생각이 들 것이다. 그

러나 기계 값 떨어져서 제값도 안 쳐주고, 매장 원상 복구한
다고 철거비로 몇백만 원 들어가면…. 실제로 이런 빨래방
자영업자들 과거에 적지 않았다.

네 번째, 신도시는 피하라.

신도시를 피해야 하는 이유는, 첫째로 월세가 높기 때문이
다. 신도시의 월세는 그 월세를 감당할 수 있느냐가 기준이
아니라 그 건물의 수익률에 맞춰져 있다.

가게를 10억 원에 팔려면, 최소 5% 수익률을 맞춰야 한다.
10억 원의 5%로 계산하면 1년에 5,000만 원 수익이고, 이걸
월세로 계산하면 대략 월 400만 원이다. 그러니까 임대인 입
장에서는 월세 400만 원으로 임차인을 구해야 하는 것이다.
좀 좋지 않은 신도시 상권이라서 6억 원짜리 가게라도 월세
300만 원에는 맞춰야 한다.

월세가 높아도 근처에 빨래방이 없으니 나 혼자 들어가서
대박 터트려야겠다는 생각, 할 수도 있다. 그러나 그 잘되는
모습을 보고, 또 경쟁 브랜드가 미친 듯이 들어올 것이다. 쉬
운 게 없다.

신도시는 입점 1순위이다. 세대수가 보장된 데다가 무권
리 가게 자리가 수두룩하다. 한 놈 잘되면 그 데이터까지 확
인 가능해서 상권 분석하기도 쉽다. 권리금이 없으니 창업
비용도 저렴한 듯한데 임대료를 몇 개월 공짜로도 해주니 마
음이 동한다. 그러나 이것에도 비밀이 있다. 월세를 낮추면

수익률이 낮아지니까 수익률을 맞추려고, 몇 개월 월세를 받지 않는 '렌털 프리'를 해주는 것이다.

그렇게 순식간에 잘되는 업종은 미친 듯이 소문을 듣고 다른 업체가 들어오게 되어 있다. 치킨 게임을 각오하고 들어오는 것이다. 그리고 뒤이어 들어온 경쟁자는 내 가게보다 월세가 낮을 수밖에 없다. 처음에는 건물주 수익률에 맞추지만, 임대가 안 나가면 점점 임대료는 내려가게 된다. 1년 지나면 내가 주는 월세보다 훨씬 낮게 운영하는 경쟁자를 만나게 되고, 그 경쟁자는 나를 죽이기 위해 출혈 경쟁 하면서 더욱더 코너로 밀어붙인다.

같은 시설업이더라도 키즈카페나 만화방, 헬스장 등은 그래도 친절한 서비스나 트레이너의 훌륭한 코치로 만회할 수도 있다. 사람 간에 오가는 게 있어서 손님의 마음을 살 수 있는 것이다. 하지만 무인으로 운영하는 빨래방은 그런 서비스 효과도 기대할 수 없다. 그냥 시설과 입지, 규모가 경쟁자보다 미흡하면 완전히 경쟁에서 밀리게 된다.

그러므로 빨래방 창업을 준비하는 사람은 몇 가지 원칙을 세우고 도전하기를 바란다. 앞서 이야기한 내용과 이어지지만, 중요하므로 다시 정리해보겠다.

첫째, 신상권보다는 구상권에 창업하라.

신상권이 아니라 구상권을 이야기하는 이유는 무엇보다 월세가 낮기 때문이다. 오래된 상권의 낡은 가게이므로 월세가 낮을 수밖에 없다. 그리고 구상권이 형성될 때는 신상권처럼 상가를 지나치게 많이 짓지는 않았다. 요즘 새로 생긴 상권들 보면, 정말 상가가 너무 많다. 일단 상가가 적은 구상권으로 가야 나중에 들어올 경쟁자를 막을 수 있다.

구상권 중에서도 어디에 입점할지 잘 판단해야 한다. 일단 그 동네에 공실이 없어야 한다. 무권리 빈 가게가 많으면 조심해야 한다. 또한, 1칸짜리 가게 중 허름하면서 5년 이상 가게를 운영한 곳이 많아야 한다. 오래 운영하는 가게가 많은 상권은 대개 임대료가 합리적이라는 이야기이다.

그리고 만일 새로운 상권으로 가게 된다면, 오히려 빨래방이 없는 곳이 아니라 이미 들어올 만큼 들어온 곳으로 살펴보라.

빨래방이 많으면 예비 창업자들은 경쟁자가 많으니까 일단 피하려고 할 수 있지만, 시설업은 반대로 생각해야 한다. 이미 나의 경쟁자가 어떤 상태인지 확인할 수 있으면, 장래의 내 경쟁자가 어떨지도 알 수 있다. 장래를 아예 예측하지 못하고 빨래방을 오픈하는 것보다 훨씬 낫다.

고만고만한 빨래방, 세탁소가 3~4개 있으면, 그 가운데쯤 20평 넘는 규모에 세탁기도 6대 이상 놓고 가게를 연다. 인테리어를 깔끔하게 하고 편안히 앉을 수 있는 소파도 갖다 놓으면, 투자금은 더 들겠지만 아마도 충분히 승산이 있다. 그리고 원한다면 오래 운영할 수도 있을 것이다.

앞의 '경험적 소매업'을 이야기하며 예를 든 대형 피시방 사례를 떠올려보라.

2000년대 중반에는 30~40평씩 하는 피시방 5~6개가 몰린 곳만 찾아다니던 사람들이 있었다. 피시방 프랜차이즈 영업사원들이었다. 고만고만한 개인 피시방 몇 개 있어 포화상태인 상권에 규모는 100평이 넘고 깔끔하게 인테리어한 데다가 최신 사양의 피시로 자리를 채운 피시방을 계속해서 열었다. 그로부터 몇 년째 이러한 피시방 프랜차이즈 회사는 대박을 터트리게 되었고, 현재 우리나라에서는 30~40평짜리 조그만 개인 피시방을 볼 수가 없다. 아예 자취를 감췄다.

그런 식이라고 보면 된다.

둘째, 수도권보다는 수도권 외곽 지방도 눈여겨보라.

요즘 강남 아줌마들은 물론이고 서울 근교 수도권 아파트 단지에 사는 아줌마들도 애들 호흡기 걱정된다고 집에 건조기 하나씩은 놓고 산다. 그만큼 건조기의 특별함을 겪어서 아는 사람이 많은데, 수도권 외곽이나 소도시에는 아직 건조기의 마법을 잘 모르는 사람이 많다. 요즘은 미세먼지나 초미세먼지가 도시뿐만 아니라 시골도 가리지 않고 사람들을 괴롭힌다. 그러니 빨래방을 열어 건조기의 마법을 그곳에서 보여준다면, 정말 초특급으로 소문이 퍼져서 대박 날 수도 있다.

셋째, 조금이라도 덜 받아 가는 프랜차이즈 회사를 선택하라.

결코 빨래방 프랜차이즈 회사들이 악덕 기업이라는 말은
아니다. 조그만 가게라도 하나씩 창업해 가는 걸 보면 나름
대로 애도 많이 쓰고 발품도 무지하게 팔면서 사업하는 것으
로 보인다. 예전만큼 마진 많이 취하다가는 아예 사업을 못
하는 시대여서 요즘은 인간적으로 사업하는 시대가 되었다
고 볼 수 있다.

그렇지만 그중에서 조금이라도 덜 받아 가는 회사를 선택
하길 바란다.

세차 프랜차이즈나 이삿짐 프랜차이즈 같은 곳은 어쨌든
본사가 손님들을 받아서 토스해주는 역할이라도 하니까 이
름값과 규모가 중요할 수 있지만, 빨래방은 그렇지 않다. 사
람들은 브랜드 잘 안 본다. 새로 생겼다고 해서 한 번 방문
한 후 세탁기의 성능이 좋고 인테리어나 분위기가 맘에 들
면 또 이용할 것이다. 아무리 광고, 홍보해서 이름값이 있어
도 한 번 세탁해보고 별로면, 다시 방문하지 않는다. 그러니
브랜드 파워 너무 신경 쓸 필요 없고, 필요 이상으로 지출하
지 않는 것이 좋다.

마지막으로, 이왕 시작했으면 스스로 진화해야 한다.

처음에는 본사에서 시키는 대로, 원칙대로 하다가도 차츰
틈새시장을 찾으려고 노력해야 한다. 직접 세탁물을 가져
가고 가져다주는 서비스도 좋다. 아무튼 그 상권과 입지와
소비자에게 맞춰 차별성 있는 맞춤형 서비스를 장착하면서

영업해나가야 한다.

　어떤 장사나 사업이든 마찬가지이지만, 빨래방 경영도 계속해서 공부하고 노력하여 진화해야 오래간다.

> ### 빨래방 창업 시 반드시 염두에 둬야 할 점
>
> 첫째, 신상권보다는 구상권에 창업하라.
> 둘째, 수도권보다는 수도권 외곽이나 소도시를 눈여겨보라.
> 셋째, 조금이라도 덜 받아 가는 프랜차이즈 회사를 선택하라.
> 넷째, 계속 서비스를 기획하고 영업 방식을 고민하며, 진
> 화해야 한다.

창플지기의 컨설팅

시설업, 경험적 소매업.

한 번 시설을 해놓으면, 그다음 별 투자 없이 운영하는 사업.

인터넷으로는 살 수 없고 직접 매장에 가 경험하면서 소비가 이루어지는 사업.

헬스장, 목욕탕, 만화카페, 스터디카페, 키즈카페, 빨래방 등.

이런 사업들은 대개 비슷한 패턴으로 운영이 되고 확장이 됩니다. 특히 최근 빨래방은 매장 규모도 작고 만만해 보이니까 더 많은 서민 창업자, 초보 창업자가 덤비고 있는 것 같아서 창업 시 최소한 알아두었으면 하는 점을 정리해보았습니다.

정말 사람들에게 편리함을 안겨주어 요즘 시대에 꼭 필요한 빨래방이지만, 빨래방을 이용하는 것과 빨래방 창업은 완전히 다릅니다. 만만하게 보고 접근하지 않았으면 좋겠습니다.

스터디카페 창업에 관해서는 정말 말도 많고 탈도 많다. 몇 년 전이라면 모르겠는데 점점 시간이 지날수록 리스크가 커지고 있다. 중요한 건 실패했을 시 빨래방보다 몇 배 더 큰 피해를 보는 것이다. 빨래방은 그래도 1억 원 정도면 창업할 수 있어서 그 피해가 비교적 적은 편인데, 스터디카페는 최소 2억 원부터 5억 원까지 투자해야 창업할 수 있어서 그 피해도 만만치 않다. 그래서 스터디카페를 운영하는 주변 자영업자들을 보면, 걱정부터 든다.

스터디카페를 창업하는 사람은 대부분 창업 초짜들이다. 특히 퇴직자들이 요즘 엄청나게 스터디카페 창업에 뛰어들고 있다. 5억 원이 아니라 최소 3억 원만 투자한다고 하더라도 적지 않은 돈이다. 3억 원이라는 돈은 아무것도 안 하고 그냥 까먹기만 해도 한 달에 250만 원씩 10년을 쓸 수 있는 돈이다. 그런데 사업 실패 시 이 정도의 돈을 1~2년 만에 그냥 확 날려버리고 다시 고달픈 생활 전선으로 나가야 하니, 이야기하지 않고 넘어갈 수 없겠다는 생각이 들었다.

스터디카페.

예전에 방영했던 드라마 〈응답하라, 1988〉을 본 사람이라면, 주인공 덕선이가 자주 공부하러 가던 '자지마'라는 독서실을 기억할 것이다. 그렇게 골방 같은 곳에서부터 시작한 독서실이 요즘 스터디 카페의 원조라고 할 수 있다. 그 이후 진화를 거듭해서 요즘은 '프리미엄 독서실'이라는 곳도 생겼다. 마치 고급스러운 인테리어의 카페에서 공부하는 듯한 느낌을 준다고 하여 일명 '프리미엄', '카페'라는 말을 붙인 듯하다. 동네마다 우후죽순, 정말 많아졌다.

지하실 냄새 풀풀 나는 동네 백수들이 모이던 만화방이 '만화카페'로 프리미엄화되었고, 푹 썩은 야외 '방방장'이나 '실내 놀이터'가 진화하여 품격 있는 엄마들과 아이들이 쾌적한 공간에서 놀고 가는 '프리미엄 키즈카페'가 되었다. 조그맣고 쾌쾌한 지하 피시방은 100평 이상의 세련된 공간에 무인으로 운영되며 각종 식사류까지 제공하는 '프리미엄 기업형 피시방'이 되었다. 시설업은 기존의 고정적인 수요들을 기반으로 더욱 고급화해서 재탄생하고 있다.

'시설업은 시설을 구축하여 그 시설로 돈을 버는 업종' 정도로 생각하면 쉽다. 펜션이나 모텔 같은 숙박업이 그중 대표적인 사업으로 생각하면 된다. 그중에서도 스터디카페가 유망한 이유는 여러 가지가 있다. 일단 다른 시설업들은 수요가 줄어드는데 스터디카페는 점점 수요가 늘어나는 데에서 그 유망함을 살펴볼 수 있다.

그렇다면, 왜 더 늘고 있을까?

예전에는 학생 때 학교 공부만 하고 대학을 졸업하면 바로 직장에 취직할 수 있었는데, 요즘은 직장에 들어가는 데에도 스펙을 개별로 쌓아야 하고 그러려면 따로 공부해야 한다. 취직해서 승진하려고 해도 따로 공부해야 한다. 그 외에도 온갖 자격증 시험, 공무원 시험 준비에 전 국민이 공부하고 있다고 해도 과언이 아니다. 그만큼 공부 수요는 늘고 있다.

그리고 여기저기 상가 건물을 너무 많이 짓고 있다. 장사와 관련이 없는 사람들이 노후를 위해서 그 분양 상가를 분양받는다. 그 많은 사람이 제대로 정보도 없이 분양해서는 공실로 손해를 본다. 1층도 잘 안 나가는데 지상층 상가들은 오죽하겠는가. 정말 오랫동안 공실로 있는 곳이 너무 많다.

그런 상황에서 장사를 한 번도 안 해봤던 사람이 할 만한 자영업 업종이 뭐가 있을까? 특히 나이가 드신 분이나 여성 창업자, 초보 창업자라면, 더더욱 선택의 폭이 좁다. 공부 수요를 보고 자신이 분양한 상가에 스터디카페를 창업하는 것만큼 쉬워 보이는 것이 없어 보인다. 그래서 스터디카페를 하려고 무지하게 모이는 것이다.

여기서 중요한 건 스터디카페가 공부하는 공간이어서 교육 사업이라는 느낌이 들어도 '어차피 시설업'이라는 것이다. 더 의미를 부여할 게 없다는 말이다.

기억으로는 2013년 정도만 해도 확실히 차별화가 있었다.

기존 독서실이 너무 오래된 데다가 골방 느낌이 나니까, 프리미엄 독서실이라고 하면서 카페 같은 고급스러운 분위기를 연출해 놓은 공부 공간이 사람들을 열광케 했다. 그때만 해도 독서실 브랜드가 별로 없었다. 경쟁자들이 없으니까 차리면 그냥 장사가 잘됐다.

그리고 교육 사업이라고 포장하면서 대단한 노하우가 있는 것처럼 이야기하니 사람들은 그게 진짜라고 믿었다. 그래서 그 높은 비용을 지불하고 창업에 뛰어들었다. 그때는 그래도 괜찮았다. 장사가 잘돼서 높은 창업 비용을 들이고도 2~3년 운영하다가 권리금 받고 넘기면 손해 보지 않았다. 그러나 지금은 다르다. 예전 골방 느낌의 독서실은 다 없어지고 온통 시설 좋은 스터디카페가 넘친다. 권리금 받고 다음 사람에게 넘길 만큼 '프리미엄' 하지 않다.

이제는 누구나 쉽게 차릴 수 있다. 말도 안 되게 편안해 보이는 영업 환경 때문에 연세 있는 퇴직자나 고상하게 창업하고 싶은 사람들의 '원픽One Pick'이 됐다. 게다가 매장 내부를 전부 고급스러운 재료로 발라서 안 예쁜 곳이 없다. 특별한 기능을 가진 몇몇 브랜드를 제외하고는 네임 밸류나 브랜드 가치가 있다고 차별화가 되는 사업이 아니다. 그냥 돈을 많이 바르면 고급 스터디 카페가 되는 거고 돈을 적게 바르면 평범한 스터디 카페가 되는 것이다.

서로 앞다퉈서 자신들의 브랜드가 최고라고 광고한다. 최신 시설로 중무장했고, 좌석 수 몇 개를 어떻게 돌리면 수익률이 얼마가 나오는지 강조한다. 특정 학원과 연계했고 장기 계약하면 인터넷 강의를 무료로 들을 수 있다고 내세운다. 이런 것들은 아무것도 모르는 초보 창업자들에게 영업 치는 방식일 뿐이다. 학원이랑 연계했다는 것도 그다지 손님을 끌어당기는 데 효과가 크지 않다. 학원이 몰린 좋은 상권이나 몇몇 상권에서나 통하는 서비스이다. 게다가 사실은 그런 서비스가 공짜도 아니다. 고객 이용료나 말도 안 되게 높은 로열티에 포함된다.

그런데 공부하는 사람 입장에서는 입장료로 적지 않은 돈을 내니 좀 더 크고 시설 좋은 곳에서 공부하고 싶은 것이 당연하다. 브랜드 유명세가 아니라 그냥 내가 공부하는 곳 책상이 더 넓고 쾌적하고 깨끗하거나 주변에 떠드는 애들이 없어 조용하면 그것으로 좋은 것이다.

공사를 많이 해봐서 잘 아는데, 무엇보다 인테리어 공사비가 지나치게 비싸다. 고급 카페의 인테리어도 평당 150만 원이면 충분한데, 어째서 200만 원 이상으로 견적을 내는지 한숨이 나온다. 거기다가 100평짜리 매장을 의·탁자나 집기류로 채우는 데 2억 원은커녕 3~4억 원씩 부르는 걸 보면서, 스터디카페의 현실을 느낀다.

'와, 이거 이제 끝물인가 보다. 이제 눈먼 초보 창업자들 눈퉁이 치고 얼른 빠지려고 하는구나.' 심지어 이런 생각밖에 들지 않는다.

자, 한번 냉정하게 생각해보자.

3억 원 들여서 100평짜리 스터디카페를 차렸다고 하자. 여기서 잠깐, 100평 매장이 너무 크다고 생각하는가? 그렇지 않다. 스터디카페가 그렇게 많은데, 최소한 100평 규모로 열지 않아서는 경쟁력이 없다. 예전에야 50~60평으로 해도 살아남았지만, 요즘은 최소 100평 정도는 돼야 한다. 여기서 한 가지 추가로 주의할 점을 알려주겠다. 주변에 만약 200평짜리 건물들이 여럿 있다면, 그 상권에는 절대로 들어가선 안 된다. 경쟁자가 큰 규모로 들어올 수 있기 때문이다.

다시 돌아가서, 스터디카페를 오픈했다고 하면 쓴 돈을 소급해서 생각해볼 것이다. 의·탁자 구매비, 키오스크 설치비, 인테리어 비용 등을 계산하면 대략 총 어느 정도 비용이 드는지 파악하고, 프랜차이즈로 편하게 창업했으니까 어느 정도의 이해할 수 있는 선을 그을 수 있다. 예를 들어, 직접 창업했으면 1억 5,000만 원 들었을 테지만 프랜차이즈로 창업해서 내가 몸이 편했으니까 2억 원 정도는 인정하자, 이런 식으로 선을 긋는 것이다. 그러나 이해할 만큼의 선이 지켜져야 하는데 2억 원은커녕 3억 원 이상, 그러니까 두 배 이상에서 세 배까지 투자 비용이 나와버리니까 문제인 것이다.

그렇다고 프랜차이즈 업체를 무조건 욕하는 건 아니다. 본사는 다른 업종의 프랜차이즈 회사와 다르게 물류 수익이나 로열티 수익도 없는데, 개설 수익도 없이 어떻게 회사를 운영하겠는가? 명색이 교육 사업이니 다 고학력자들로 직원을 고용했을 것이다. 상담받으러 갔을 때 고상한 사무실에 그 많은 직원이 근무하는 모습을 보았을 것이다. 고급스러운 사무실 임대료에 그 사람들 인건비를 줘야 하니 본사일수록 당연히 마진을 더 많이 가져갈 수밖에 없다. 이 점은 이해할 수 있을 것으로 본다. 그 강남의 고상한 사무실 임대료는 1,000만 원이 넘을 것이고 그곳에서 양복 입고 상담해준 그 사원의 월급은 300만 원 이상은 될 것이다.

스터디카페 프랜차이즈 회사의 본질은 인테리어 회사다. 수익 대부분이 인테리어 공사에서 나온다. 인테리어 회사는 초기 개설비로 먹고산다.

그리고 서비스의 질에 차이를 둘 수 없다는 것에서 바로 시설업의 한계가 발생한다. 음식점들은 그래도 똑같은 김치찌개를 팔아도 맛과 스타일이 다르다. 가격대부터 위치까지 분명히 매장마다 다른 점이 있다. 그러나 대표적인 시설업인 피시방만 해도 어디든 다 비슷하다. 만화방? 만화방마다 읽을 수 있는 만화책이 다른가? 스터디카페도 마찬가지다.

그래서 스터디카페처럼 서비스의 질에 차별화를 둘 수 없는 사업은 마케팅이 진짜 중요하다.

만일 송파구에서 스터디카페를 열었다고 한다면, '송파 스터디카페'라고 검색할 때 내 매장이 먼저 검색되어야 할 것 아닌가? '송파 공부하기 좋은 곳'이라고 검색했을 때 자신의 매장이 1면에 나와야 장사에 유리할 것이다. 무조건 검색창 1면에 떠야 사람들이 일단 보러 오기라도 할 것 아닌가?

브랜드를 믿고 방문하는 손님이 더 많을까, 아니면 그 스터디카페를 이용한 고객의 후기를 믿고 오는 손님이 더 많을까? 예전처럼 브랜드 유명세가 중요한 게 아니다. 진짜 그 스터디카페의 컨디션을 보고 오는 것이다.

사업이라는 게 매출도 중요하지만, 실제로 얼마 남는지가 더 중요하다. 초짜 사장님들은 매출을 높인다는 이유로 말도 안 되는 임대료를 감당한다. 경쟁 브랜드보다 더 사람이 많이 오게 한다고 더 예쁜 환경, 더 큰 규모, 더 좋은 자리, 더 넓은 평수, 더 좋은 건물, 더 깨끗한 엘리베이터, 높은 층고만 바라보고 신식 복합 상가에 들어가면 내야 할 임대료는 훨씬 높아진다.

초보 창업자들은 그 임대료가 어떤 의미인지 모른다. 그 임대료 때문에 얼마 남지 않게 되고 안 남으니까 또 아르바이트 최저 임금도 제대로 못 챙겨준다. 특히 독서실 실장들은 공부한다는 명목으로 최저 임금을 못 주는 경우가 많다. 나중에는 무인으로 한다며, 무인 기계 가져다 놓는다. 무인 기계 가져다 놓으면 사람을 안 써도 된다고 착각하는 것이다. 무인 기계를 써도 사람이 없으면 안 된다.

이제 스터디카페가 이처럼 늘어난 이유를 내 입장에서 다시 이야기해보겠다.

장사의 세계에서는 업종 중에서 좀 센 사람들이 운영하는 업종이 있다. 예전을 생각해보면, 중국집 사장님이나 고깃집 사장님, 아니면 대형 감자탕집 사장님, 이런 업종들을 하시는 분들이 좀 세다는 느낌이 있었다. 그런 업종 가맹점주들은 참지 않는다. 성격 무서운 점주가 많았다는 말이다. 칼 들고 본사 찾아오는 사람도 많았고, 실제로 예전에 큰 고깃집 경영하시는 자영업자 중 지역 건달 출신이 종종 있었다.

근데 스터디카페 창업하는 사람들을 보면, 대부분 세상 물정 모르는 대기업 출신이거나 IT 기업 출신, 아니면 분양주들이다. 사회적으로 인정받았던 분들이거나 그래도 먹고사는 데 문제없어서 품위 있게 사셨던 분들이다. 그래서인지 눈퉁이를 맞았으면서도 끝까지 고상하게 대응하는 사람이 많다. 그러니까 부당한 게 있으면 따지거나 욕도 해야 하는데, 자신이 눈퉁이 맞았으면서 체면 때문에 뭐라고도 못 하고 속으로만 끙끙 앓는다. 그러다 보니 이 업종의 어려움이 잘 알려지지 않았다.

본사도 난리 치는 가맹점이 있으면 로열티를 면제해주거나 그냥 간판을 바꾸라고 하든지, 그냥 놔 버리고는 다른 곳에 인테리어 공사할 생각만 한다. 그런 가맹점 중 또 머리 좋은 가맹점 사장들은 자기들이 생각해볼 때 돈이 되겠다 싶으니까 아예 정말 간판 바꾸고 내 가게를 1호점으로 하여 가맹 사업을 진행해버린다. 똑똑한 점주들은 바로 알 것이다. 이 사업은 본사가 별로 할 게 없는 사업이라는 것을 말이다. 유명 브랜드가 창업 비용 3억 원을 받으면, 나는 과감하게 1억 원 더 싸게 해주는데 기존 서비스 다 해준다면서 가맹 사업까지 해버리는 것이다. 그 결과 엄청나게 많은 브랜드가 생겼다.

스터디카페 프랜차이즈 회사의 인테리어만 외주로 대행해주던 업체도 본사가 별로 하는 일이 없다는 걸 알고는 본인의 시공 경력을 내세워 비슷한 브랜드를 만든다. 그래서 또 엄청나게 많은 브랜드가 생겼다.

스터디카페 브랜드가 도대체 몇 개나 되는지 한번 검색해보라. 창업 박람회 한번 나가보면, 참가한 브랜드 중 10개 이상이 스터디카페 브랜드이다.

이런 본질을 모르고 준비하면 쓸데없는 비용만 지불하고 다들 실패한다. 그렇다고 완전히 문을 닫기도 어렵다. 다달이 문을 열어놓아봤자 손해가 갈수록 커져서 차라리 그냥 문을 닫는 게 나을 것으로 생각하지만, 그것도 쉽지 않다.

생각해보자. 예를 들어, 시설비로 3억 원 들여서 5층에다가 매장을 차렸다고 치자. 월세는 대략 현실적으로 300~400만 원이라고 해보자. 장사가 안되니 사람을 쓸 형편은 아니라서 사장이 직접 모든 일을 하는데, 한 달 매출이 1,000만 원도 안 나온다고 생각해보자 물론 실제로는 1,000만 원보다 훨씬 더 매출이 안 나오는 스터디카페가 절반도 넘을 것이다. 사람 안 쓰고 직접 일을 하면, 비용으로 나가는 건 임대료와 관리비, 그리고 세금밖에 없을 것이다. 이럴 경우, 내 인건비도 못 가져가면서 임대료뿐만 아니라 어쭙잖게 홍보하며 나가는 홍보비나 각종 비용을 지출하는 상황으로, 그냥 그대로 운영하는 것이다. 이래서는 그냥 망해 버리기도 쉽지 않다. 그 무의미한 매출과 무의미한 시간을 그곳에서 혼자 낭비하는 것이다.

그리고 계약 기간 끝나 폐업하려고 하면, 철거비가 들어간다. 100평 정도 매장의 1층 철거비만 해도 엄청난데, 5층이라면 더 큰 비용이 든다. 큰 크레인도 써야 하고 엄청나게 큰 공사를 진행해야 해서 철거비로 수천만 원은 내야 원상 복구할 수 있다. 이러지도 저러지도 못하고 내 전 재산 털어버리고 거기서 뒷방 늙은이처럼 앉아 있다 서서히 망해가다가, 결국에는 망하는 마당임에도 엄청난 비용을 추가로 감당해야 하는 상황에 부딪히게 된다는 말이다.

스터디카페를 창업하려는 사람들은 부디 본질을 좀 이해하고 창업하기를 바란다. 앞에서 스터디카페 프랜차이즈 회사의 본질은 인테리어 회사라는 것을 이야기했다. 그리고 그 가맹점의 본질은 공간 서비스업이라는 것을 이야기했다. 공간을 내주는 사업이라고 설명했다.

그런데 피시방이나 키즈카페랑 비교해보면, 스터디카페는 다른 게 하나가 있다. 피시방은 주인이 아무리 좋아도 피시 사양이 별로이거나 기자재들이 마음에 안 들면 가지 않을 수도 있다. 키즈카페 또한 주인이 아무리 좋아도 최신 시설에 규모가 큰 키즈카페가 새로 생겼는데 아이들이 가보자고 하면 어제까지 갔던 매장을 바꿀 수도 있다.

그러나 스터디카페는 다르다. 주인이 직접 관리하며 다른 매장보다 세밀하게 배려하면 승산이 있다.

공부하는 손님에게 뭐가 필요한지 관찰하고 방해가 되는 것들을 미리 처리해준다. 눈에 잘 안 보이는 부분을 먼저 해결해주고 반갑게 인사하며 격려해주거나 학생 어머니에게서 전화라도 오면 안심시켜준다. 이런 식으로 주인이 직접 매장을 관리하면서 꼼꼼히 영업하면 더 큰 매장이 새로 들어와도 웬만해서는 잘 이동하지 않는다. 매장 한구석에 벌레 한 마리가 죽었는데, 내일도 그대로 있는 걸 보면 학생들 다 떠난다.

장사에도 인간관계가 중요하다는 말이다. 사람이 사람 얼굴 보고 정을 쌓으며 단골이 되는 것이다. 그렇게 정을 쌓아 단골이 되었는데, 갑자기 바로 옆에 다른 매장이 들어왔다고 매정하게 가버리는 건 보통은 쉽지 않다. 일단 정을 쌓으면, 사람을 봐서라도 다시 찾는 게 인간 세상의 모습이다.

그러나 스터디카페를 창업하려는 사람 대부분이 이런 방식으로 장사하려고 하지 않는다. 스터디카페 안쪽, 손님을 응대하는 자리는 자신이 있을 자리가 아니라고 생각한다. 자신은 그냥 고상하게 투자해서 창업만 하고 매니저나 아르바이트생을 쓰면 그만이라고 생각한다. 무인 기계를 가져다 놓으면, 그냥 알아서 굴러가는 줄 안다. 프랜차이즈 본사에서 그렇게 이야기하면, 고개를 끄덕이며 정말 그대로 수익이 난다고 생각해버리고는 아예 운영 방식을 정해버린다.

다시 한번 말하겠다.

스터디카페 창업을 예정하고 있다면, 이젠 시설 자체는 다들 상향 평준화가 돼서 시설만으로는 차별화를 가져갈 수 없고 브랜드 파워로도 장사가 잘되는 업종이 아님을 반드시 기억해야 한다. 오히려 임대료부터 세세하게 따지고 내가 가진 투자금 수준에 맞는 매장을 잘 찾아서 창업 비용을 최대한 아껴야 한다. 앞서 말한 이 업의 본질을 진지하게 파악하고 내가 직접 운영하면서 공부하는 사람들에게 좋은 면학 분위기를 만들어 서비스하겠다는 각오로 장사를 시작해야 한다. 학생들이 정말 편안하게 공부에만 집중할 수 있는 공부 공간을 만들어주겠다는 각오로 장사해야 한다.

스터디카페 사업은 오히려 사장이 직접 일해야 하는 사업이다. 어떻게 홍보해야 할지 콘텐츠도 직접 고민하고, 항상 매장의 가장 눈에 잘 띄는 곳에 홍보물을 붙여 광고해야 한다. 그렇게 찾아온 고객에게 열심히 서비스해서 재방문을 유도하여 최대한 빈자리 없이 가득 채우고, 단골들을 지속적으로 확보해야 한다. 스터디카페 사업은 그렇게 해야 비로소 성공할 수 있는 '휴머니즘 공간 서비스 사업'이다.

요즘 돌아가는 상황을 보니 올해 무척 많은 퇴직자가 창업 시장에 쏟아져 나올 예정으로 보인다. 그런데 그 어마어마한 숫자의 사람 중 많은 이가 피땀 흘려 받은 퇴직금을 가지고 스터디카페를 창업하려고 하는 상황이다. 그래서 현실을 조금은 격하게 이야기할 수밖에 없었다. 스터디카페 브랜드들은 이 사업을 이제 완전히 '끝물'이라고 판단하는지도 모른다는 느낌이 조금씩 든다. 이제 이 창업 시장에 뛰어들려는 사람들은 앞서 말한 조언을 반드시 명심하고 충분히 판단한 후 창업하기를 바란다.

아무쪼록 이 글이 스터디카페 창업을 준비하는 많은 초보 창업자에게 조금이나마 참고가 되었으면 한다.

스터디카페 운영 시 성공 조건

- 100평 이상 큰 평수의 매장을 선택하여 창업한다.
- 브랜드 파워는 의미 없으니 창업비 등 지출 비용이 적은 프랜차이즈 업체를 선정한다.
- 공부하는 학생들에게 집중하여 서비스하고, 면학 분위기를 조성하는 데 힘쓴다.
- 학생의 부모에게도 친절히 응대하며, 안심시킨다.
- 방문하는 학생의 연령대, 수준 등에 맞게 다양한 이벤트를 준비한다.
- 모든 서비스는 사장이 직접 한다.

창플지기의 컨설팅

　스터디카페를 창업할 때 특히 임대료를 충분히 알아보고 매장을 결정해야 합니다. 그 이유는 투자금 회수 기간과 직결되기 때문입니다. 2억 원에 창업했으면 2년 만에도 투자금을 뽑을 수 있지만, 3~4억 원까지 넘어가 버리면 언제 회수할 수 있을지 답이 없습니다.

　원래 시설업이라는 게 1~2년 안에는 투자금을 회수해야 합니다. 1년만 지나도 경쟁 매장이 훨씬 좋은 시설과 규모로 들어와서 그 뒤로는 경쟁에 밀릴 수밖에 없고, 그러면 과연 투자금을 회수할 수 있을지 너무 불확실하기 때문이죠.

　돈은 전혀 안 되고 손님도 없어서 망한 건 맞는데, 정리하려고 해도 쉽지가 않습니다. 그 엄청난 시설들 철거하려고 해도 층수나 난이도에 따라서 수천만 원 들어가기도 합니다.

　이미 스터디카페 운영 중이시라면, 앞서 이야기한 조언 잘 마음에 새기고 부디 승리하길 바랍니다.

내일,
가게 문
닫겠습니다

초보 자영업자에게
들려주고 싶은
나의 경험담

Menu 06

음식 장사라는 게 사실 맛이 중요하지만, 운영과 관련하여 다른 중요한 것도 엄청나게 많습니다. 맛이나 운영 노하우는 물론이거니와 다른 매장과의 차별화도 중요하고, 인테리어도 중요합니다. 사람 관리, 원가 계산부터 수익률 계산, 세금 관리까지 신경 쓸 게 정말 한둘이 아닙니다.

그러나 정말 중요한 건, 결국 사람의 마음을 얻는 것입니다. 그래야 오래갈 수 있습니다. 갑자기 이게 무슨 말이냐고 생각할지 모르지만, 장사라는 것 자체가 일단 사람과 사람이 상호작용하는 행위이기 때문입니다.

물론 정말 돈이 많아서 사람을 신경 쓰지 않아도 될 만한 대단한 브랜드 파워를 가지고 있다든지, 아니면 정말 유명한 상권에 창업해서 고객들이 알아서 방문하고 무조건 장사가 될 만한 곳에서 장사하려는 사람이라면 이런 얘기가 그리 마음에 와닿진 않겠지만, 정말 소자본으로 일반 동네에 들어가서 장사하려는 사람들에게 꼭 이야기하고 싶은 게 있습니다.

저는 매장을 오픈하면, 초창기 '오픈 빨'보다는 여태까지 고생하면서 준비한 가게가 얼마나 고객들에게 어필되어 재방문을 유도할지에 집중합니다. 더 많은 사람에게 알리기보다 한 명이 오더라도 그 사람에게 어떻게 만족감을 주어 다시 오게 할 것인가, 그것에 집중합니다.

그래서 사실 처음에는 직원 세 명을 써도 되지만, 아직 손발이 안 맞을 테니 한 명 정도는 더 여유를 두고 혹시 모를 상황에 대비합니다. 처음 예상과 달리 재료 로스Loss가 날 수도 있습니다. 아깝지만, 그래도 과감하게 폐기합니다. 심지어 일부러라도 로스를 만들기도 합니다.

왠지 모르겠지만, 제 경험상 항상 문제는 초반에 터지더군요. 아무리 조심해도 꼭 사고가 납니다. 그래서 좀 더 지나칠 정도로 걱정하고 대비하는 편입니다. 초기에는 음식이 얼마나 어떻게 나갈지 아무도 알 수 없습니다.

매장 오픈 후 첫 번째 방문했던 분들의 입소문, 정말 무섭습니다. 동네라면 더더욱 그렇고요. 처음 매장을 오픈했을 때는 그저 내 장사한다고 생각하지 말고 자신을 이 동네에 새로 이사 온 외지사람이라고 생각해야 합니다. 내 가게 내 돈 주고 들어왔는데 무슨 상관이냐고 생각할 수 있지만, 눈에 보이지 않아도 행동 하나하나가 나에게 악영향을 끼칠 수 있습니다.

보통 사장들은 오픈하고 자신이 제일 중요한 업무를 맡아서 온종일 일에만 집중해야 한다고 생각하고는 합니다. 물론 꼭 그래야 하는 매장들도 있긴 합니다. 하지만 사장이라는 위치는 가게의 리더이자 얼굴로서, 매장 전체를 컨트롤하는 역할뿐만 아니라 손님을 유치하는 일도 해야 한다고 생각합니다. 그래서 저는 오픈 초기에 1~2주일이 지나고 나서 얼추 매장 돌아가는 걸 파악한 후부터 진정 사장으로서 영업을 시작합니다.

저는 매장 오픈 후에 반경 700m, 걸어서 5분 거리에 있는 영업 중인 모든 매장에 인사를 다녔습니다. 아파트건 오피스건 신경 쓰지 않고 말입니다. 우리 매장 반경 700m 안에 총 200여 개의 다른 매장이 있었습니다. 부동산, 반찬 가게, 휴대전화 가게, 미용실, 빵집, 커피숍, 잡화점, 만두 가게, 보습학원, 태권도장, 헬스장, 당구장 등 종목도 다양했습니다. 적게는 두 명, 많게는 십여 명씩 근무하는 소호 자영업자들이 있었는데, 몇 명씩 근무하는지 방문하여 인사하면서 가늠합니다. 그리고 미리 체크한 인원대로 떡을 주문합니다.

요즘은 너무 고전적이라고 생각해서인지 떡을 잘 안 돌리는데, 떡이라는 게 은근히 정성이 느껴지는 음식인 듯합니다. 게다가 생각보다 별로 비싸지 않습니다.

떡도 꽤 무거워서 한 번에 다 돌리기는 힘듭니다. 그리고 그냥 떡을 돌리는 게 아니라 진심 어린 인사와 함께 안부도 물으려면, 하루 30~40개 매장 정도 돌리는 게 적당합니다. 저는 그래도 함께 돌릴 사람이 있어서 5일 만에 그 많은 매장을 다니며 떡을 돌리면서 인사했습니다.

이처럼 떡을 돌리며 인사를 다니는 것은 나의 매장을 알리는 효과도 있지만, 친분을 쌓는 효과도 있습니다. 어쨌든 주변에 경쟁업체들의 견제도 있고 사람 사는 데에는 괜히 텃세 같은 것도 있어서 외지인은 대개 뒷담화 대상이 되고는 합니다. 그런데 이렇게 먼저 선수를 치고 인사해두면, 우리 매장에 대해 조금 안 좋은 얘기가 돌아도 조금이나마 무마가 됩니다. 떡도 얻어먹은 데다가 머리를 조아리며 '잘 부탁드립니다.' 하고 간 사람을 바로 욕할 사람은 별로 없습니다. 경쟁 음식점을 들르는 것도 필수입니다. 생각보다 눈 흘기는 사람이 많지 않습니다.

그분들에게 사장이 직접 떡과 함께 매장을 알리는 전단지나 자석 전단을 나눠주면, 자기 매장에 온 손님들과 이야기할 때 '저기 어떤 집 새로 생겼는데, 그 사장 인상이 좋더라'라고 이야기 한마디라도 해줄 수 있습니다. 그러면, 간접 홍보가 되기도 하고, 이처럼 좋은 이미지를 안고 방문한 고객은 주문부터 까탈스럽게 하지 않습니다.

오전 9시에 매장을 오픈하고 실제로 손님들이 들어오는 11시까지는 직원들에게 맡겨둡니다. 그리고 가능하면 오전 9부터 11시까지는 아침에 산책한다는 셈 치고, 그 떡 돌렸던 가게들을 다시 찾아갑니다. 그리고 또 인사를 건넵니다. 아침 산책하다가 들렀다며, 어젠 좀 어떠셨냐고 안부를 묻습니다. 그렇게 인사하는 날이 반복되면, 그 사람들 자연히 우리 가게에 방문하게 되고 배달 주문도 해줍니다.

그리고 우리 집 음식 맛있다고 한마디씩 해줍니다. 이 정도 친분을 쌓았으면, 맛없다고 하는 사람 별로 없습니다. 조금 걱정되는 게 있으면, 오히려 허심탄회하게 이야기해줍니다. 그리고 자기네 매장 손님에게 저 집 음식 괜찮다고 이야기해줍니다. 배달 대행 수수료 쓰는 대신 그 돈으로 그분들에게 서비스 하나라도 주면, 5분 거리 정도는 충분히 걸어와서 사 갑니다.

아파트가 옆에 있다고 가까운 것 같아도 입구까지 오는 것조차도 사실 그리 만만치 않습니다. 오히려 아파트 사는 사람들이 우리 집까지 오는 데 더 오래 걸립니다. 그러나 주변 자영업 사장님들은 금방 걸어옵니다. 먼저, 직접 와서 가져가면 파격적인 서비스를 준다고 이야기해 놓습니다. 그리고 되도록, 미리 주문해달라고 부탁합니다.

예약 주문받는 것과 바로 주문받는 것은 차원이 다릅니다. 예약 주문을 받으면 준비할 시간이 있어 당황하지 않는데, 특히 몰리는 시간에 바로 주문을 받으면 버벅대고 실수할 수 있습니다.

저는 두 개 시키면 다른 메뉴를 서비스로 주고, 세 개 시키면 한 개 더 서비스로 준다고 했습니다. 메뉴 중에서 원가가 싼 메뉴가 꼭 있습니다. 그것을 쿨하게 그 집만을 위해서 서브스로 준다고 했습니다. 단가가 높아야 매출에도 도움이 되니, 가능하면 한 번 시킬 때 많이 시키도록 유도했습니다. 세

개 시키면 하나 공짜로 주거나 최소 두 개 시키면 사이즈 업 내지는 공깃밥 한 개 무료, 달걀 프라이 두 개 추가, 이런 식으로 서비스해줍니다. 사이즈 업이라고 해봐야 200원, 공깃 밥도 200원이면 되고 달걀 프라이 두 개도 원가 500원밖에 하지 않습니다.

그리고 우리 매장 근처에서 자영업 하는 사람들에게 확실한 혜택을 주며 인심을 얻은 후에 시작한 게 있습니다. 바로 단골 쿠폰 서비스입니다. 지금은 더 심하겠지만 배달 앱에서도 1,000원, 2,000원 쿠폰 제공 이벤트라도 해야 연락이 오는 게 현실입니다. 나와 친분을 쌓은 매장으로 가서 그 매장에 오는 손님들을 위해 명함 크기의 쿠폰을 카운터에 좀 두면 안 되겠느냐고 부탁을 했습니다. 물론 해주는 사람도 있는 반면, 안 해주는 사람도 있습니다. 그건 중요치 않습니다. 그런 노력을 하고 있다는 게 중요합니다.

쿠폰 내용은 '1,000원 할인'이나 '2+1', '사이드 메뉴 공짜' 등 다양하게 생각해서 적어넣었습니다. 서비스 내용은 그때마다 달랐습니다.

나와 우호적인 사람일수록 자기 손님에게 그 쿠폰을 권할 것입니다. 그렇게 해주면 내가 할 일을 그 자영업 하는 사장님들이 대신 해주는 것이 됩니다. 그 쿠폰이 들어오는 건 신규 고객이 유입되었다는 의미입니다. 쿠폰을 가지고 있던 사장님이 권해서 그 손님이 들고 온 것이기 때문입니다. 이거야말로 진짜 영업을 통해 들어온 고객인 셈입니다. 그 신규 고객에게 또 최선을 다하면 되는 것입니다.

쿠폰으로 손님이 우리 매장에 들어오든, 들어오지 않든 중요하지 않습니다. 사실 처음에는 잘 들어오지 않습니다. 그래도 다시 그 자영업자분들에게 갑니다. 그리고 고맙다고 큰절을 합니다. 그 사람들도 이상할 겁니다. 내 가게에서 손님들이 그 쿠폰을 가져간 적도 없는데, 갑자기 와서는 당신 덕분에 손님에게 많아졌다며 고맙다고 하니 말입니다. '아, 이쿠폰으로 이 사람에게 이렇게나 도움이 되는구나'라는 생각과 함께 '다음엔 나도 손님들한테 쿠폰을 가져가라고 해야겠다'라는 생각을 합니다.

그리고 사장님들에게 '너무 고마우니 오늘 우리 음식 주문하면, 공깃밥에 달걀 프라이 두 개를 한 번에 서비스해 드리겠다'라고 또 이야기합니다. 그러면 그 사장님들, 별로 먹고 싶지도 않았는데 얼떨결에 먹으러 올 수도 있습니다.

떡 돌리기가 끝나면 전단지도 사장이 직접 뿌립니다. 전단지에는 파격적인 서비스를 제공하는 쿠폰을 넣어놓습니다. 우리 동네 사는 주민이 아니라, 우리 동네 사장님들만을 위한 '파격 쿠폰'이라고 하며 돌립니다. 보통 자영업자들 출근시각이 오전 10~11시 정도이고 점심에는 장사하느라 바쁘니까 아침에 미리 뿌려놓으면 출근하면서 그 전단을 보게 될것입니다. 곧 점심을 먹어야 하니 나의 전단지에 적힌 메뉴가 일단 그들의 잠재적 점심거리가 됩니다.

대개는 '오피스 고객'이라고 하면 사무실에서 근무하는 사람들이라고 생각하지만, 저는 비슷한 처지에 주변에서 자영업 하는 사람들을 오피스 고객으로 보고 영업에 집중했습니다.

신메뉴가 나오면 신메뉴가 나왔다고 찾아가고, 당신 덕분에 장사 잘된다고 고맙다고 찾아가고, 빼빼로데이 때는 빼빼로 하나 들고 찾아가고, 화이트데이 때는 500원짜리 눈깔사탕 들고 찾아갑니다. 설날 때는 빳빳한 1,000원짜리 신권을 담은 봉투에 복을 기원하는 손편지도 함께 담아 보냅니다. 생각보다 좋아하는 사장님이 많습니다. 1,000원짜리 신권을 남들보다 좀 더 빨리 은행에서 찾아놓는 수고만 더하면 됩니다.

이처럼 생각보다 찾아갈 일이 많습니다. 그리고 반드시 사장이 직접 해야 합니다. 블로그든, SNS든, 배달 앱 광고든, 그 모든 마케팅은 장사를 영위하는 사장이 해야 하는 것처럼 말입니다. 사장이 주변 사장님들의 마음을 얻어야 합니다. 결국, 장사는 사람이 사람을 상대로 하는 경제 활동입니다.

물론 시간이 지나 잘 버텨냈다면 전문가가 추천하는 온갖 첨단 마케팅 기술도 필요하겠지만, 처음으로 내 매장을 오픈했다면 사람에 초점을 맞추고 장사하기를 바랍니다.

2013년경, 장사를 한 번도 안 해본 초보 창업자인 와이프에게 키즈카페를 차려주고 한동안 운영했던 적이 있습니다. 창업이라는 게 사실 안 어려운 업종이 없지만, 그래도 장사 경험이 없는 여성이 운영하기에는 일반 외식업보다는 카페가 훨씬 더 수월하다고 생각했습니다. 당시에 지역 어디든 인기를 끌었던, 엄마들과 아이들의 놀이 공간인 키즈카페를 선택하고 창업했습니다.

장사를 하라고 한 이유는 간단했습니다. 누구의 아내로만 살게 하고 싶진 않았으니까요. 경제활동 하는 당당한 여성이길 바랐습니다. 키즈카페를 운영하면서 와이프에게 대단한 수익을 바란 것도 아니었고 시간이 걸리더라도 천천히 우리 동네에서 단골을 쌓으며 경제활동을 했으면 하는 마음이었습니다.

그 매장은 서울시 송파구에 있었습니다. 실 평수 80평 정도에 월세는 440만 원, 기본 관리비 80만 원이었습니다. 또한 달에 전기세, 수도세, 인터넷 사용료, 세스코 이용료, 보험료 등 100만 원 정도 관리 비용이 따로 나갔고, 부가세까지 합치면 한 달 평균 700만 원의 고정 관리비가 나가는 매장이었습니다.

게다가 80평의 키즈카페 매장 내부에 일평균 3~4명의 직원 및 아르바이트생이 상주하면서 장사를 시작했으니 장사가 잘되든 안되든 한 달에 고정비가 1,000만 원이 넘게 나가는 상황이었습니다. 와이프의 입장에서는 그 수치만 들어도 겁을 낼 만한 상황이었죠.

하지만 사업이라는 게 단순히 작게 한다고 되는 것도 아니고 키즈카페 특성상 제대로 규모를 갖춰놓고 시작하지 않으면 자리 잡기도 쉽지 않습니다. 더군다나 그때 창업했던 서울시 송파구라는 곳이 전국에서 키즈카페가 가장 많다고 이야길 하는 곳이어서 이 정도 경쟁력 있는 규모가 꼭 필요하다고 생각했습니다.

그리고 어쨌든 내가 경험이 있으니까 와이프가 너무 서둘러 매출에 연연하지 않고 내 조언을 듣고 따른다면, 문제가 없을 거로 생각했습니다. 무엇보다 어느 정도 믿음을 가지고 함께 살아온 와이프이기 때문에 내 조언도 잘 들을 거로 생각했습니다.

장사는 합리적인 생각,
수학적인 공식으로 접근하면 망한다

예전에 백종원 대표가 한참 어려웠던 시절 쌈밥집을 운영할 때 쌈 채소를 서비스하는 공간에 주방 아주머니에게 보라고 써두었던 글귀가 생각이 납니다.

'아주머니, 쌈을 아끼면 우리 가게는 망합니다.'

나는 이 한마디로 장사에 대한 정의를 내리고 싶습니다.

쌈밥 먹고 싶을 때 가는 쌈밥집에서 남는 게 얼마인지 계산해서 손님에게 제공하는 쌈 채소의 양을 줄여버리면, 그 가게는 그냥 보통의 가게일 뿐 그 이상 그 이하도 아닙니다. 확실히 쌈 채소를 듬뿍 주는 쌈밥집이라면, 손님이 쌈밥 생각날 때 대부분 그 가게로 가게 될 것입니다.

매시간, 매일 나가는 임대료가 아까워 죽겠는데 고작 수익률이 적다는 이유로 쌈을 아껴 손님들이 적게 와서 홀을 비우게 하고 직원들을 놀게 한다면, 도대체 무엇이 더 손해겠습니까? 백종원 대표는 마진율은 포기하고 확실히 푸짐하게 쌈 채소를 손님에게 제공하는 전략으로 다른 쌈밥집보다 훨씬 많은 매출을 올렸으며, 마진율이 박한 만큼 매장을 24시간 돌리면서 임대료를 감당했습니다.

쌈밥집은 보통 낮에만 운영하고 밤에는 문을 닫으니 밤에도 일하면 밤 시간 임대료는 무료라는 느낌이 듭니다. 그리고 밤에 문 여는 밥집이 많지 않으니 밤에 끝나는 직업을 가진 사람들의 푸짐한 야식집으로 자리를 잡게 됩니다.

밤에도 사람이 붐비는 만큼 잘되는 집으로 소문이 나고 비싼 쌈 채소를 넉넉하게 주니 착한 식당으로도 거듭나면서 그 집은 자리를 잡게 됩니다. 그렇게 자리를 잡게 되면 이젠 어느 정도 안정적이라고 생각할 수 있습니다. 결국, 살아남은 것이고 그때야 비로소 나의 수익이 얼마인지 계산해볼 수 있습니다.

하지만 당시를 생각하면, 저는 지금도 스트레스를 엄청나게 받습니다. 와이프는 내 생각과 정반대로 장사하고 있었습니다.

스마트한 전략이 아니라도 좋습니다. 방문한 아이에게 아이스크림을 하나 주든지, 치킨을 시키면 음료를 서비스로 주든지, 단체 문자라도 돌려서 할인 이벤트를 열든지, 우리 키즈카페에 온 한 사람 한 사람을 감동하게 해서 재방문하도록 하려면 남들과는 다른 확실한 서비스를 계속해서 기획해야 한다고 이야기했지만, 와이프의 대답은 항상 나를 기운 빠지게 했습니다.

"이렇게 팔아서 뭐가 남아. 처음 당신이 얘기한 것과 너무 달라서 너무 걱정되고 힘들어 죽겠다."

인테리어에 비싼 돈 투자했으니 매달 감가상각비도 넣어야 하고, 공짜로 일할 수 없으니 내 인건비도 넣어야 하지 않겠느냐고 했습니다. 비싼 임대료에 직원들 인건비 생각하면, 지금 입장료도 너무 싸서 더 올려야 한다고 했습니다. 손님들에게 서비스 주면 안 된다고, 실제 수익률에 기반한 구체적인 수치를 제시했습니다. 아주 합리적으로 말이죠.

그땐 정말 울고 싶었습니다. 그리고 좌절했습니다.

갓 태어난 우리 아기, 이제 태어난 우리 매장이 아장아장 걷기도 전에 이 여자 손에 죽겠구나, 망하겠구나, 생각했습니다. 손님이 없는 매장에서 마진율이라는 게 도대체 어떤 의미가 있는 건지…. 이 똑똑하고 합리적인 여자의 생각 때문에 이제 막 태어난 우리 매장이 곧 망할 거라는 생각에 잠도 오지 않았습니다.

하지만 좌절은 잠시, 그때 나는 와이프 손에 이 매장을 맡겨서는 안 되겠다고 결심했습니다. 그날부터 퇴근 후에 무조건 매장으로 달려가 매장 마감이나 손님 응대법 같은 직원 교육을 직접 했습니다. 주말에는 직접 주방에 들어가서 풀타임으로 일하기 시작했습니다. 청소나 설거지, 쓰레기 버리는 걸 쉬는 날도 없이 직접 하니 와이프도 더는 나에게 뭐라고 하지 않았습니다.

낮에도 시간이 날 때면 주변 어린이집을 돌며 입장료 할인 혜택을 드릴 테니 와주십사 머리를 조아렸고, 단체 손님이면 아이들에게 어린이 음료를 하나씩 돌렸습니다. 원가 200~300원인 음료 한 캔으로 아이들과 선생님들에게 인심을 얻을 수 있었습니다. 20명에게 돌려봐야 4,000~5,000원밖에 하지 않지만, 고객이 느끼는 마음은 달랐습니다.

당시를 생각해보면, 경쟁업체보다 단순히 가격을 깎아주는 식으로 단골들을 만들지 않았습니다. 원칙 없는 가격 인하는 내 매장의 가치를 떨어뜨리는 일입니다. 대신 덤으로 무언가 하나라도 더 줬습니다. 그 덤으로 인해서 가성비를 느끼게 했고 고객의 마음속에 만족스럽다는 느낌을 지속해서 심어줬습니다.

16,000원짜리 치킨을 시키면 원가 2,000원짜리 돈가스 하나 더 튀겨 덤으로 줘서, 3명이 와도 푸짐하게 먹을 수 있도록 했습니다. 6,000원짜리 돈가스를 시키면 밥 한 그릇을 따로 제공해서 아이와 엄마가 눈치 보지 않고 부담 없이 먹도록 했습니다. 밥은 '무한 리필' 해드리니 언제든 이야기해 달라고 했습니다. 그리고 사용하는 데 2시간에 1만 원을 받는 파티룸을 이용하면, 원가 300원짜리 음료를 8명에게 돌렸습니다.

주말에는 생일파티를 하러 온 팀에게 치킨 한 마리를 구워주었고 계산하고 나갈 때는 아이스크림 교환 쿠폰을 주어 다시 오게끔 했습니다. 그렇게 고객 DB가 쌓여 갔고 그렇게 쌓인 전화번호에 틈날 때마다 감사 문자를 남기며, 어떻게 해서든 우리 매장이 아침부터 저녁까지 가득 차게 만들기 위해서 노력했습니다.

3,000원짜리 아이스크림 원가 1,000원밖에 안 합니다.

16,000원짜리 치킨 원가 6,000원밖에 안 하고, 6,000원짜리 돈가스 원가 2,000원밖에 안 합니다.

그렇지만, 그것을 받은 손님들은 감동하여 다른 사람들을 데려오고, 한 번 올 거 두 번 방문합니다. 우리 매장에 올 이유가 많아지면서 점점 더 빈자리가 사라져 갔습니다.

매월 말 지나서도 와이프에게 얼마가 남는지 계산 못 하게 했습니다. 대충 통장에 돈이 돌아가면 그것으로 만족했고, 아침이나 손님이 없는 시간에도 어떻게 손님으로 채울지만 고민했습니다.

주말인데도 파티룸 예약이 안 잡힌 날이 있으면, 그 파티룸을 어떻게 채울지 고민했습니다. 파티룸을 사용할 사람이 없으면, 치킨 주문 시 파티룸을 공짜로 사용하도록 했습니다. 특히 주부 고객들의 모임을 유치했습니다. 파티룸은 비어있으나 채워있으나 어차피 손해날 건 없어서 가능한 일이었습니다.

6개월이 지나고 우리의 키즈카페는 사람들로 북적이기 시작했습니다. 단골들은 늘어났고 입소문은 더 퍼졌습니다. 그리고 어느 날, 사람들을 더 채우지 못할 정도로 손님들로 가득 찬 내 매장을 보면서 사무실에 혼자 들어가 슬쩍 계산해 봤습니다. 아직 갈 길이 멀었지만 생각보다 진짜 많이 남았고, 수익률로 따져도 굉장히 높은 수익이었습니다. 굉장히 높은 수익을 안겨주는, 사람들로 꽉 찬 매장을 보는 기분은 마치 명문 대학교에 들어간 잘 키운 자식을 바라보는 마음과 비슷합니다.

창업을 안 해본 초보 예비 창업자들과 상담해보면, 앞서 이야기했던 우리 와이프처럼 이성적이고 합리적으로 사고하는 분을 많이 봅니다.

'마진율이 얼마예요? 손익분기점이 어떻게 돼요? 수익률이 높나요?'

이제 장사 처음 시작하려고 온 사람들이 무슨 은행에 투자하는 사람처럼 수익을 따집니다. 스마트하게 보이고 싶어서일까요? 물론 얘기해줄 수는 있을 겁니다. 얼마를 팔면 얼마정도는 벌 수 있을 거라고 말이죠. 하지만 얼마를 팔았을 때라는 말은 그 목표 매출을 달성했을 때라는 전제를 깔아야합니다. 장사가 잘되든 잘되지 않든 나가는 돈은 똑같으니 매출이 안 나오면 수익률은 곤두박질치게 됩니다.

일단 창업을 했으면 살아남아야 합니다. 나의 매장이 살아남은 뒤에야 마진을 생각해야 합니다. 하루 매출, 기껏해야 20~30만 원이면서 마진율, 수익률을 따져보고 생각할 수는 없습니다.

일단 내 매장이 가진 모든 자원을 총동원해 집중해서 손님으로 가득 채우고 단골들을 쌓아야 합니다. 어지간한 악재속에서도 무난하게 버틸 수 있는 매장이 되어야만, 그때 비로소 진정한 수익률을 계산할 수 있습니다. 그제야 장사로 돈을 번다고 말할 수 있습니다.

　김밥집에서 파는 라면 원가가 1,000원이라고 해보겠습니다. 3,000원에 팔 때 원가율이 30%라고 하면, 대략 2,000원 정도 남는다고 생각하면 됩니다. 그런데 만약 3,500원에 판매하는 떡 만두 라면을 요리할 때 500원어치를 원가 그대로 넣는다고 가정해보면, 원가율은 급등하게 될 것입니다.

　원래는 500원의 30%인 150원어치의 떡과 만두가 들어가야 하는데 500원어치를 넣었으니 당연한 결과겠죠. 원가는 올라가고 마진율은 떨어집니다. 하지만 어쨌든 남는 건 일반 라면 판매 수익과 같은 2,000원입니다. 맛을 위해 500원을 투자한 셈인 것입니다. 이렇게 생각해야 합니다.

　중요한 것은 손님의 마음을 얻는 것입니다. 500원 원가가 다 들어간 푸짐한 떡 만두 라면은 다른 김밥집에서는 볼 수 없는 시각적 즐거움을 제공하고, 그 집만의 인심과 정성을 느끼도록 합니다.

　앞서 이야기한 백종원 대표의 쌈밥집도 마진율은 형편없었을 것입니다. 어쩌면 얌체 같은 손님들은 정말 눈치 없이 계속해서 쌈 채소를 리필해달라고 했을 것입니다. 오죽하면 24시간까지 돌리면서 매장을 유지하려고 했겠습니까? 하지만 24시간 운영하면서 제대로 자리 잡은 백종원 사장의 쌈밥집은 점심, 저녁 가리지 않고 손님으로 가득 차고 '웨이팅 Wating'이 걸렸습니다. 웨이팅 걸리는 집이라 소문이 나니 밥

때도 아닌 오전 10시에도, 오후 3시나 밤 9시에도 손님으로 가득 차게 되었습니다. 결과적으로, 마진율은 낮았어도 실제 가져가는 돈은 많았을 것입니다.

우리 매장도 그랬습니다. 단골 중에서 정말 얌체족이 많았습니다. 요구하는 것도 많고, 그러면서 거들먹거리고 말이죠. 하지만 그런 사람들에게 감동을 주면, 입소문은 정말 빠르게 전파됩니다. 신기한 건 조그만 것에 섭섭함을 느끼는 고객들은 조그만 것에 감동한다는 사실입니다. 그래서 오히려 그런 손님들에게 더 잘하려고 노력했던 기억이 납니다.

마진율, 장사를 처음 시작하는 사람은 생각하지 말아야 합니다. 장사 시작과 동시에 살아남을 때까지 투자 시작입니다. 오픈 후부터 진정한 투자가 시작되는 것이죠. 초기 창업비용 썼다고 오픈 날부터 계산기 두드리는 사람들, 정말 정신 차리라고 소리치고 싶습니다.

장사라는 건, 사업이라는 건, 결국 사람이 사람의 마음을 얻어야 하고 사람을 써서 사람으로 돈을 버는 인간 중심 경제 활동입니다. 수학적인 계산과 합리적인 생각으로 장사를 하게 되면 본인 스스로는 똑똑하게 일하고 있다고 생각할지 모르지만, 결국 내 가게를 죽이는 행동들을 일으킬 수 있습니다.

일단 살아남아 버티고 난 다음에 천운이 도와 자리를 잡았다면, 그때 자신 있게 나의 매장 수익률을 계산하세요. 그게 진짜 내 돈입니다.

흔히 말하는 '자식 사랑, 내리사랑', 이런 말 들어보셨죠?

자식들 애지중지 키우면서 속도 썩지만, 진짜 소중한 존재이지 않습니까? 그런데 장사라는 게, 가게를 차린다는 게 이 아이를 낳는 것과 굉장히 비슷합니다. 제가 가게를 막 열기 시작했을 때 바로 수익을 바라지 말라고 항상 이야기하는 이유는 이와 같습니다. 아기가 막 나오자마자 바로 걷고 뛰지 못하듯이 장사도 마찬가지입니다. 유아 시절이 중요하듯이 장사도 처음이 너무나 중요합니다.

내 가게가 바로 내 자식이다, 저는 이런 생각으로 가게를 차렸습니다. 정말 혼신의 힘으로 정성과 돈을 투자해 준비하고 수익이 날 때까지, 혼자서 걸을 수 있을 때까지 혼신의 힘을 다해 보살피는 과정이 꼭 필요합니다. 무슨 소린가 하실 수도 있지만, 그래도 제가 그렇게 해서 살아남았으니 한번 제 이야기 읽어보시기를 바랍니다.

이제 태어난 지 6개월 된 우리 커피숍은 사실 저의 여섯 번째 자식이에요. 다섯 번째 아이가 쌀국숫집이었는데, 애지중지 잘 키워서 그래도 곧잘 돈을 벌어다 주는 자식으로 성장시킨 후에 새롭게 철저히 준비해서 가지게 된 아이가 지금 운영하는 실평수 60평짜리 커피숍입니다. 다섯째를 매니저에게 맡기며 출가시키고 저는 이 여섯째한테 올인하면서 살아온 지 벌써 6개월이 되었습니다. 이처럼 제 가게를 '아이'라고 표현하겠습니다.

저는 항상 아이를 낳기 전에 생각하는 게 있습니다.

'우리가 지금 애를 낳을 형편이 되나? 내가 지금 애를 낳아도 될까? 경제적이든 시간적이든 환경적이든 내가 이 아이를 위해서 온전히 신경 쓰고 낳고 기를 만한 상황인가? 적어도 1년, 이 아이가 걸음마 할 때까지만이라도 내가 모든 것을 걸 수 있는가?'

그렇게 스스로 마음을 가다듬고 결심을 해도 불안하잖아요. 그러면 함께 키워줄 주변 동료들에게도 자문을 구하고 어느 정도 자신감이 들면, 그때 정말 아이를 낳기로 결심해야 합니다. 애는 혼자 낳고 혼자 키우는 게 아니니까요.

아이를 낳기 전 1년 동안은 정말 우리 아이가 건강하게 태어나게 하려고 무진장 노력합니다. 잘 키우는 것도 중요하지만 일단 처음부터 건강하게 나와야 하니까요. 커피숍을 하겠다고 결심을 했다면, 제일 기본적인 것부터 갈고 닦아야 합니다. 먼저, 커피에 관해 연구하고 커피 시장을 탐구하면서 맛과 운영 노하우를 정립한 후 독특한 기획을 고민하여 어떻게 차별화할 것인가를 생각합니다. 그리고 그 차별성과 경쟁력이 어느 곳에서 극대화될지 상권과 입지를 연구하고, 매장을 어떻게 꾸밀지 인테리어 디자인도 연구합니다. 아이를 함께 키울 만한 능력 있는 파트너도 확보하고 누구랑 낳을지, 어디서 낳을지, 어떻게 키울지 온갖 시뮬레이션에 정성을 쏟습니다.

아이를 낳기 전, 가게를 오픈하기 전 1년 동안은 거의 수익 없이 돈과 시간을 엄청나게 쏟습니다. 건강하게 나와 이 험한 창업 시장에서 살아남으려면, 그 정도 투자는 기본입니다. 그렇게까지 했는데도 이겨내지 못하고 도태되는 경우가 많습니다.

그렇게 시간과 비용을 많이 투자하며 준비 기간을 보냈는데, 출산할 때, 가게를 오픈할 때, 또 많은 돈이 들어갑니다. 가게 보증금, 권리금에 인테리어 공사비, 시설비, 온갖 집기류 구매비와 홈페이지 및 마케팅 구축 비용, 직원 세팅 비용까지 지출해야 할 부분이 엄청나게 많습니다. 그리고 우여곡절 끝에 드디어 오픈합니다. 이제 드디어 세상에 태어나는 것입니다. 그러나 태어났을 때부터가 정말 시작입니다.

우리가 만들었다고, 내가 낳았다고 정말 내 맘대로 되는 게 하나도 없습니다. 우선 생활비가 급증합니다. 기저귓값, 분윳값, 병원비, 옷값, 유모차 구매비 등 아이에게 쓰는 고정비가 급등하듯이 가게를 오픈하면 임대료, 관리비, 인건비에 갑자기 생각지도 못한 고정비가 급등합니다. 예상치 못한 병이 들어 밤새 고열에 우는 아이처럼 가게도 피치 못할 어려움에 부닥쳐서 새벽에 나가야 할 일이 생기고, 이상한 컴플레인들이 말도 안 되게 속출하기도 합니다.

가게에 하자 생긴 거 공사 좀 하는데 시끄럽다고 민원 들어오거나 제빙기가 새서 물바다가 되기도 합니다. 갑자기 필터가 고장 나서 커피에 수돗물 맛이 난다고 고객 컴플레인이 들어오고, 그러면서 소문 이상하게 나기도 합니다.

경험상 그냥 느낀 건데, 오픈할 때 아무리 조심한다고 해도 모든 사건, 사고는 가게 오픈 후 1년 안에 다 터집니다. 조금 아껴보겠다고 바닥 전체를 제대로 메꾸지 않았다가 바닥이 고르지 않아 고객이 걸려 넘어져서 사고가 터지기도 합니다. 추우면 춥다고 문제 생기고, 더우면 덥다고 문제 생깁니다.

아르바이트 구멍은 허구한 날 나는 데다가 좀 가르쳐놓아서 이제 일 좀 하겠다 싶으면 그만둡니다. 내가 깼는지 손님이 깼는지도 모르게 컵이 깨졌는데, 다쳤으니 책임지라고 말도 안 되는 손해배상 청구도 들어옵니다. 다 맛있다고 해서 야심 차게 내놓은 베이커리는 고객의 불만에 재고로 남겨지고 그동안 투자한 노력이 물거품 됩니다. 장사는 안돼 손해 보고, 적자는 계속됩니다.

마치 신생아가 걸음마를 뗄 때까지 생각지도 못한 그 모든 일이 일어나는 것처럼 가게를 오픈한 이후 매우 많은 사건과 사고가 발생합니다. 그 걸음마를 뗄 때까지 1년, 스스로 걸을 수 있을 때까지 부모로서 보살피고 가꾸고 치료하고 온

정력을 쏟듯이 나의 가게가 스스로 얼추 돌아갈 수 있도록 사장으로서 보살피고 가꾸고 개선하고 온 정력을 쏟는 것, 정말 중요합니다.

그런데 요즘 초보 창업자들 보면 너무 심해요. 내가 지금 가게를 열 만한 형편인가를 따지기는커녕 가게를 운영할 만한 최소한의 자질도 갖추지 않습니다. 어쩔 수 없이 질러놓았어도 무책임하게 힘들다고 외면하지 말고 최소한 1년간은 최선을 다해서 책임지고 키워야 하는데, 그런 생각조차 하지 않습니다. 3개월 해보니까 답 안 나온다며, 6개월도 안 돼서 그만두는 사람도 있습니다.

'내가 왜 창업했지? 그 사람만 아니면 안 했을 텐데.' 후회만 하고 환경 탓, 정부 탓, 직원 탓, 소비자 탓, 그 모든 것을 남 탓으로 일관하며 시간을 보냅니다. 자기가 싸질러놓은 가게에 들어갈 때 한숨 푹 쉬면서 들어갑니다. 부모가 내 아이를 사랑하지 않는데 어떻게 남들이 내 아이를 사랑하겠습니까?

게다가 한술 더 떠 이제 갓 태어난, 이제 오픈한 가게에 크나큰 수익까지 바랍니다. 이제 갓 오픈한 가게에 수익을 바라는 건 갓 태어난 아기한테 뛰라고 하는 것과 같습니다. 자식 잘 키우다 보면, 자식들이 아르바이트라도 해서 부모 부담을 줄여주고 스스로 잘 커가는 것과 같이 가게 잘 키우다 보면 시간이 지나면서 조금씩 수익이 생깁니다. 자식 잘 키워 장성해서 운이 좋으면, 좋은 회사 취직하여 돈을 잘 벌기도 하듯이 가게 잘 키워 자리를 얼추 잡으면 남들 보기에 부러울 만한 수익이 생기기도 합니다.

특히 창업을 한 번도 안 해본, 이제 막 첫 번째 가게를 잉태하려는 모든 분에게 꼭 이야기하고 싶습니다.

가게를 차린다는 건 나의 아기를 낳아 기르는 것과 비슷합니다. 최소 걸음마를 뗄 때까지 1년 동안은 투자와 보살핌의 연속입니다. 그때까진 개인 생활도 없는 겁니다. 내 아이가 막 태어났는데 똑같이 그 전처럼 편하게 취미 생활도 하고 친구들 만나러 다닐 수만은 없지 않습니까? 술 마시던 것은 참고 좋은 것만 먹으면서, 운동이나 영양 관리도 하며 철저히 자기 관리해야 합니다. 그리고 최대한 아이한테 집중해야 합니다.

그 시기에 얼마큼 신경 쓰고 노력하느냐에 따라서 가게의 성패가 갈립니다. 초창기 정신 못 차리고 한 번 매출 떨어진 가게는 복구하기가 너무 힘이 듭니다. 누차 이야기하지만, 죽은 자식 불알 만져봐야 소용없다는 겁니다.

사업 초기에는 성공과 부의 축적보다, 먼저 생존과 성장할 토대를 마련하는 데 집중해야 합니다. 특히 초보 창업자는 이 점 깊이 새겨야 합니다. 그래야 살아남을 수 있고, 성공에도 다다를 수 있습니다.

"마무리하며

초보 자영업자의
생존 조건
"

여기까지 수많은 창업자, 자영업자, 사장들의 많은 실패담과 소소한 저의 경험담 잘 읽어보셨습니까?

요즘도 저는 전국의 자영업 사장님들을 만나 인터뷰하고 다니면서 많은 것을 보고 듣고 느끼고 있습니다. 이렇게 수많은 사장님의 이야기를 풀어내다 보니 문득 부산에서 칵테일바 열 곳을 운영하시는 사장님이 무심코 뱉은 한마디가 생각납니다.

'성공을 위해서 자잘한 아이템 따위를 생각하기보다는 내가 하는 이 장사의 본질에 대해 얼마나 알고 있는지를 먼저 생각해야 한다.'

앎의 깊이가 얼마나 깊으냐가 성공에 다다를 최소한의 조건이라고 이야기합니다. 어쩌면 당연한 말 아니냐고 생각할 수도 있지만, 근본적으로 본질을 아는 건 가게를 운영하는 데 매우 중요한 일입니다. 사실 그 '본질'이라는 것을 생각하는 게 초보자에게는 쉽지 않은 일이죠.

그래서 초보 자영업자가 반드시 알아야 할 이 업의 본질과 기본 생존 조건에 관해 몇 가지 이야기하며, 이 책을 마무리하겠습니다.

1) 결국은 사람 관리

처음 창업을 하려는 분들은 정신없이 창업 세미나를 다니거나 창업 컨설팅에서 정보를 얻고 박람회를 전전하며 이런저런 아이템을 알아볼 것입니다. 그렇게 상권분석표도 볼 줄 알게 되는 등 나름대로 예비 창업자로서 지식을 쌓게 되면 뿌듯해할지도 모르겠습니다.

그러나 가게 운영은 실전입니다. 10평짜리 매장 하나라도 책임자가 되어 운영해본 경험이 없다면 모두가 허상입니다. 내가 누군가에게 지시를 받으며 살았던 경험이 있는 사람은 많습니다. 그러나 내가 책임자로서 아르바이트생이라도 한 번 부려봤던 경험이 없는 사람이 정말 더 많습니다.

정말 위험합니다. 아르바이트생이나 주방 이모가 아무리 나보다 아랫사람이라도 제대로 부릴 줄 알려면, 경험을 통해 쌓은 내공이 받쳐줘야 합니다. 그래야만 그 사람들이 따르고 매장 운영이 원활해집니다.

일 경험이 많은 아르바이트생한테 무시당하고 주방 경험이 많은 주방장한테 압도당하며, 홀 경험이 많은 매니저에게 한숨 소리나 듣습니다. 사장인지 직원인지도 모르겠고, '사장님'이라는 직함만 단 노예가 요즘 많습니다.

허구한 날 사람 안 뽑힌다고 한탄하고 허구한 날 나태한 직원들 욕이나 합니다. 그거 다 자신이 미숙해서 일어나는 일인 줄은 모릅니다. 자꾸 남 탓해서는 안 됩니다.

그런데도 고깃집이 유행하니 대박을 꿈꾸며 10명씩 고용하고, 호프집이 유행하니 대박을 꿈꾸며 5명씩 고용합니다. 진짜 초보 창업자입니까? 그러면 최대한 사람을 덜 쓰고 운영할 수 있는 아이템으로 시작하십시오. 일은 힘들겠지만, 적어도 사람에 치여서 스트레스받을 일은 없을 것입니다.

왜 부부가 운영하는 10평짜리 치킨집이 전국에 그렇게 많은지 아십니까? 이번 아이템으로 성공한다고요? 천만의 말씀입니다. 진정 사장이 되기 위한 성장에 초점을 맞추십시오. 10평짜리 매장에서 부부가 함께하는 장사가 아니라면, 사람 1명 쓰고도 장사할 수 있는 업종으로 시작해야 합니다.

2) 당신은 아마추어, 프로들의 세계에는 얼씬도 하지 마라

가끔 핫 플레이스라는 곳을 가봅니다. 그런데 갈 때마다 정신없이 간판이 바뀌어 있곤 합니다. 오늘 간 곳을 6개월 후에 다시 가보십시오. 얼마나 많은 가게가 망하고 새로 들어오는지 느낄 것입니다.

사람이 많이 모이고 유동이 풍부하니 그 사람이 다 내 가게에 올 것 같습니까? 그중에 1%만 와도 가게는 운영될 것 같은가요? 예전, 중국에 진출했던 기업들이 하던 우스갯소리가 생각납니다. '중국에서 양말 한 켤레씩만 팔아도 13억 개를 팔 수 있다.'

그 핫 플레이스라는 곳, 말하자면 오피스 먹자 상권 같은 권리금이 비싸게 형성된 상권은 이미 프로들의 세계입니다. 프로들이 적어도 1년 이상은 죽기 살기로 해야 자리를 잡을 수 있는 곳에서 초보 창업자가 비싼 권리금에 임대료 내고 시설비 투자해 수익을 내겠다고 하는 것 자체가 어불성설입니다. 정말 답답합니다.

프로들도 자신이 운영하는 가게 주위에 등장하는 새로운 가게들의 도전에 직면하며 피 터지게 싸우면서 방어전을 치릅니다. 적어도 1년간 자리 잡을 때까지 수익도 안 보고 운영해야 할 상권에서 이제 장사 시작하는 햇병아리가 가게 열자마자 수익이 날 거라고 기대하는데, 곧 망합니다. 왜 망했는지도 모른 채….

모든 일에 수업료가 필요한 건 맞는 얘기지만, 그렇다고 전 재산을 수업료로 날려버릴 수는 없지 않습니까? 제발 아파트 단지, 주택가 10평짜리 가게에서부터 시작하십시오.

시작은 항상 미약해야 합니다. '처음부터 성공'은 없습니다. 처음에 성공하더라도 나중에 무너지는 사례를 많이 봤습니다. 정말 드라마틱하게 무너지는 것을 말입니다. 앞에 이야기한 수많은 사례는 '새 발의 피'입니다. 저는 앞으로도 계속 이러한 사례를 여러분에게 소개할 것입니다.

3) 재료비 로스는 아는데 왜 인건비 로스, 임대료 로스는 모를까?

한 그릇 팔면 원재료비는 얼마, 임대료는 얼마, 인건비는 얼마를 써야 하는지, 요즘 초보 창업자들 얼마나 계산이 빠른지 놀랄 지경입니다. 계산할 수 있으면, 뭔가 아는 것 같습니까? 가게 운영이 무슨 수학 공식도 아닌데 말이죠.

10,000원짜리의 재료비가 4,000원을 넘기면 남는 게 없다고 굳은 신념을 가지고 재료비에 대한 철칙을 정했으면서 정작 한 시간에 8,000원짜리 아르바이트생이 손님 없어서 놀고 있어도 무감각합니다. 어이가 없습니다. 8,000원이면 손님 8명한테 원가 1,000원짜리 한 개씩 추가로 서비스할 수 있는 엄청난 금액입니다. 원가 1,000원이면 김밥 한 줄 사 먹는 사람한테 라면 한 그릇을 공짜로 줄 수 있는 엄청난 금액입니다. 그런데 놀고 있는 아르바이트생 임금 주는 것은 하나도 안 아까워하면서 손님이 채소 리필 조금 더 해달라고 했다며 아까워합니다.

인심 좋게 손님들에게 서비스하고 푸짐하게 뭐라도 주면

오히려 아르바이트생은 놀 시간이 없을 것입니다. 그리고 그렇게 손님들을 단골로 만들 수 있습니다. 왜 도대체 인건비 로스를 생각하지 않는 겁니까?

그리고 임대료 로스.

백종원 사장이 처음 운영했던 가게가 쌈밥집이었습니다. 재밌는 건 그 쌈밥집이 24시간 운영하는 가게였답니다. 쌈밥이 '24시간 업종'이 아니라는 건 다들 알 것입니다. 백종원 사장이 직접 이야기했더군요. 너무 막 퍼줬더니 남는 게 없어서 24시간이라도 가게를 돌리니까 인건비는 빠지더라고요.

물론 밤샘 영업이 쉬운 건 아닙니다. 하지만 부동산 임대차 계약할 때 아침 10시부터 저녁 9시까지만 영업하겠다는 단서가 있던가요? 24시간을 하든 12시간을 하든 어차피 임대료는 똑같은데 왜 조금이라도 더 영업시간을 늘려서 할 생각은 하지 않는 건가요? 직장인 습성이 남아 있어서인가요? 아침 11시에 열어서 저녁 9시쯤 가게 문 닫으며 고상하고 편하게 장사하고 싶은 건가요?

야간에 영업하려면, 술을 꼭 팔아야 한다는 편견은 어디서 생긴 걸까요? 야간에 술 안 먹고 밥만 먹고 싶어 하는 사람이 의외로 많다는 사실을 알고 있습니까? 그 사람들은 오히려 술 먹는 손님이 옆 테이블에 있는 곳을 싫어합니다.

나의 옆이나 뒤 가게가 저녁 9시에 닫는다면, 더욱더 좋은 상황입니다. 9시 이후에 장사하는 밥집은 우리 집이라는 것만 알려지면, 경쟁자가 없으니 공짜 임대료로 장사하는 셈입니다. 점심, 저녁 시간은 정해져 있지만, 밤참은 시간이 정해져 있지 않아 주방에 1명만 있어도 충분히 운영할 수 있습니다.

그런데 재료비 로스는 반대로 생각해야 합니다.

그냥 '대박집 사장님'이라는 사람들한테 가서 한번 물어보십시오. 그중 한 명이라도 재료를 아끼는 사람이 있는지 말입니다. 그리고 재료비 계산을 해가면서 장사하는 사람이 있는지.

TV에서 '대박 난 집'이라고 소개하는 가게의 사장이 손님에게 너무 많이 퍼주는 모습을 보고 리포터가 물어봤습니다.

"사장님, 이렇게 팔아서 남는 게 있어요?"

사장님 왈, "남는 거? 없어. 남는 건 설거지뿐"이라는 주옥같은 멘트를 남기셨습니다.

그리고 어느 짬뽕집 사장님의 이야기도 눈여겨볼 만했습니다. 조금이라도 신선하지 않은 것은 바로바로 버린다고 하면서, 내 가게에 오신 손님 단 한 명이라도 신선한 것으로 대접하지 않으려면 차라리 문을 닫아버리겠다고 말했습니다. 그리고 자막으로 이런 말이 나왔습니다.

'재료를 돌같이 보는 남자.'

재료비를 생각한다는 것은 손님에게 만족감을 주는 서비

스보다 소소한 이익에 연연하며 장사한다는 얘기입니다.

쉽게 생각하십시오. 그냥 매장에 온 아기가 너무 예쁘면 뭐라도 하나 주는 것입니다. 두 번째 왔으면 고마우니까 뭐 하나라도 더 주고, 또 다른 사람을 데려오면 그것도 고마우니까 뭐라도 하나 더 주는 것입니다. 그렇게 주다 보면 사람들이 또 찾아옵니다. 설사 그렇게 음식 맛이 좋은 집이 아닌데도 말입니다.

장사하는 사람은 철저하게 사람을 감동시켜서 재방문하게 만들어야 하는 숙명을 지녔습니다. 이런 것은 수학 공식처럼 계산해서 되는 일이 아닙니다. 우선 초보자답게 작은 규모로라도 무조건 경험하고 고생하여, 창업 근육을 만들어서 사람을 비로소 부릴 줄 알게 되어야 할 수 있는 일입니다. 나보다 서투른 사장을 인정하는 직원은 없습니다.

겸손하게 아파트, 주택가라는 작은 무대에서 시작해 성공이 아닌 성장에 초점을 맞추고 직원들이 온종일 즐겁게 일할 수 있는 바쁜 매장을 만드십시오. 손님을 위한 서비스를 연구하고, 조금 더 남으면 아르바이트생들 시급을 올려주십시오. 남들 영업 안 할 때 영업시간을 조금 더 연장해서 고생도 해야 합니다. 이렇게 해서 남는 게 있느냐는 말을 들을 정도로 손님들에게 사랑을 받는다면, 성공은 못 할지언정 실패는 하지 않을 것입니다. 그리고 당장 수익이 안 될지라도 그 소중한 경험과 내공은 훗날 성공의 주춧돌이 될 거라고 확신합니다.

　서두에서 말한 칵테일바 사장님 이야기를 좀 더 하겠습니다. 지금까지 실패한 사례 위주로 이야기했으나 이 성공한 사장님의 사례가 여러분에게 희망을 줄 것입니다.

　이 사장님은 바텐더로 사회생활을 시작하여 현재 부산에서 칵테일바를 운영하고 있습니다. 무일푼에 내 가게를 열겠다는 일념으로 열심히 일했고 부산시 서면의 골목 구석에 총 투자금 500만 원으로 포장마차형 칵테일바를 열면서 장사를 시작했습니다.

　그 경험을 토대로 3년 후 광안리에 정식으로 매장을 열어 죽기 살기로 열심히 일했습니다. 매 순간 얼마가 남는지 결코 계산하지 않았고 다시 찾아오는 손님에게 반드시 고마움을 표했습니다. 새벽까지 밤잠 안 자가며 일했고, 일어나면 바로 장을 보거나 가게 열 준비하는 생활을 줄곧 했습니다. 이처럼 돈이라는 건 돈 쓸 시간이 없어야 모이는 것입니다.

　주방장, 홀 직원, 매니저 등 사람을 완전히 부리게 되었을 때 2호점을 열었고 제대로 된 메뉴와 합리적인 가격에 노는 직원 없이 장사가 잘되면서 그 지역에서 아르바이트 시급이 제일 높은 가게가 되었습니다. 유명해지게 된 것이죠. 3호점, 4호점, 계속해서 매장을 늘렸고 직원들의 믿음과 신뢰를 바탕으로 10년 만에 총 10개의 칵테일바를 보유한 사장이 되었습니다. 2017년에는 10개 매장의 총매출액이 200억 원을 넘었습니다.

지금은 사장이 매장에 출근할 필요가 없을 만큼 운영이 잘되고 있습니다. 그리고 그는 더 큰 꿈을 위해 서울과 부산을 오가며 교육도 하고 세미나도 다닙니다. 그는 정말 하고 싶었던 일이 있다고 합니다. 자신의 예전 모습을 생각하며, 창업을 꿈꾸는 청년들에게 직접 겪은 경험을 바탕으로 한 노하우를 전수하여 도와주고 싶다는 것입니다. 그들이 코치를 잘 받으면 자신보다는 조금 더 수월하게 가게를 꾸려갈 수 있지 않겠느냐며 포부를 말합니다. 그리고 현재 그 계획을 실천하는 중입니다. 직접 부산시 남포동에 10평짜리 교육용 매장을 만들어 초보 창업자들을 상담해주고 있습니다.

많이 벌어서 좋으냐고 물어보니 이런 말을 합니다.

"남는 것도 별로 없어요."

그 양반 올해 마흔입니다.

내일,
가게 문
닫겠습니다

초판 1쇄 발행 | 2020년 7월 9일
초판 2쇄 발행 | 2020년 9월 11일

지 은 이 | 한범구
발 행 인 | 고석현

발 행 처 | (주)한올엠앤씨
등   록 | 2011년 5월 14일

주   소 | 경기도 파주시 심학산로 12, 4층
전   화 | 031-839-6804(마케팅), 031-839-6811(편집)
팩   스 | 031-839-6828
이 메 일 | bookandcontent@hanmail.net
홈페이지 | www.daybybook.com

*책읽는수요일, 라이프맵, 비즈니스맵, 생각연구소, 지식갤러리, 스타일북스는
 ㈜한올엠앤씨의 브랜드입니다.